JN275509

正社員削減時代をどう生きる？

雇われない生き方を
身につけるには

田中真澄

ぱるす出版

はじめに

東日本の大地震、大津波、福島原発事故の三大災害が突然発生した二〇一一（平成二三）年三月一一日という日を、日本人だけでなく全世界の多くの人々が、生涯忘れることはないでしょう。

それほど、あの日の出来事は人々にショックを与え、その後の生活に大きな影響をもたらしています。

現に原発事故による電力不足で節電が強いられると、人々はやむなく保守的な生活態度をとるようになり、世の中全体に自粛ムードが漂っています。

企業・団体も個人と同様に、経営姿勢を厳しくし、しっかりと利益を確保する堅実経営へと方向転換に拍車をかけています。震災直後、大手企業のリコーやパナソニックがいち早く大量の人員整理を発表したのはその一例です。

しかし、こうした震災による自粛ムードが日本国中に広まることに手をこまねいていては、日本人の意識が一層内向きになり、国の勢いが衰えていくことになります。

そうならないためには、震災による自粛ムードに振り回されることなく、今世界を覆いつつある時代の大きな流れを読み取り、その時流を先取りできるような生き方を身につけていく必要があります。そのことを考える場合、東日本大震災が生じた日の前日までのわが国の状況を見ておく必要があります。

内閣府の二〇一〇（平成二二）年度の『国民生活に関する世論調査』や博報堂生活総合研究所の『生活定点調査』によると、**この一〇年間、国民の生活気分が下降気味であったのが、実は二〇一〇年から上向きに転じつつあったことが報告されています。**

これは、いつまでも悲観的に考えていてもしかたがない、ここで明るい面を見て、前向きに生きていこうではないかとする日本人が増えていたことを意味しています。

特に二〇代の若い世代や、男性よりも女性のほうがそういう考え方を抱くようになっていました。その大きな理由は、国民が次のような時代の変化に気づき始めていたからだと思います。

一九四五年から始まった戦後の日本経済は、一九九五（平成七）年までの五〇年間にわたって、量的拡大を目指してきました。そして、常に大企業が経済成長の主役を担ってきました。

しかし、一九九五年ごろからパソコン、携帯電話が急速に普及し、あっという間にIT社会が出現しました。そして今では、国民の大多数がパソコンや携帯電話なしには一日も過ごせない状況下にあります。その結果、**わが国は、それまでの大規模企業中心の社会から、中小零細規模・個業が中心になる社会に徐々に変わりつつあります。**

つまり今後は、個人も企業も、自分の得意分野以外の仕事は、他の優秀な人や会社にアウトソーシングすることで、自らの規模はそれほど大きくしない、という前提で組織を作ることになります。

今では多くの企業経営者は　規模の拡大を目指すよりも、最適な規模を求めて、できるだけ外部の優秀な機能を活用することで、規模をダウンサイジングしていく方向に経営方針を切り替えてきつつあります。

ですから、正社員の削減というリストラの事態は、今回の東日本大震災に関係なく、また景気の良し悪しに関係なく、今後ずっと続くことになるでしょう。

私は三〇年前から、こうした社会の変化を「得意機能相互活用社会の到来」と表現し、スモール・イズ・ビューティフル社会がくると、拙著でたびたび紹介してきました。

そのような社会が最初はアメリカで出現し、今では日本もそうなりつつあるのです。したがって、**これからの大企業は、積極的に外部の機能を活用し、正社員の総数をそんなには増やさない方向に進んでいくでしょう。**

先見性のある人は、この時代の動きに対応するために、個々人で得意機能を身につけ、アウトソーシングの波に乗ることが賢い生き方であると悟ってきているのです。

五年前、私がボストンとニューヨークを訪れた折に、ハーバード大学、コロンビア大学、ニューヨーク大学に行き、構内の書店を見て回りました。アメリカの学生がどんな本を読んでいるか、その傾向を知りたかったからです。

三大学の書店で目の当たりにしたのは、「スモールビジネス」「セルフヘルプ」「アントレ」などの起業に関する本が、書店の主要なスペースを占めている光景でした。このことは、アメリカの一流大学の学生は、卒業後、自分で会社を立ち上げることに関心を持っており、実際に、そういう行動をとっていることを示しています。

あるいは、どこかの企業・団体に採用されたからと安心しないで、雇われているうちに、自分の得手を見つけ、それを磨いていくという生活をしていかないと、リストラの対象に自分が選ばれたとき、あわてることになると、アメリカの学生は十分にわかっているのです。

そこで帰国後すぐに、都内の東京大学、慶應義塾大学、早稲田大学の構内の書店を見て歩きました。そこには起業に関する本はほとんど見つからず、大企業に入社するための本がずらりと並んでいました。

この経験を通して、日本とアメリカの学生の意識の差を感じました。

しかし、日本人も、東日本大震災や福島原発事故が収束されるころには、次第にチャレンジ精神を発揮していくであろうと、私は考えています。

マスコミは若者の内面の変化を報じることが少ないので、多くの人は気づいていないかもしれませんが、**やる気のある若者たちは、すでに目を世界に向けつつあります。**日本だけが住むところではない、発展著しいアジアで活躍の場を見出そうとしている若者が確実に増えています。

私は、全国各地で若者も参加する講演会に出かけていきますから、その様子がつかめるのです。この一部の若者の動きは、そのうち、二一世紀の日本人の新しい生き方につながっていくと期待しています。

この意識変革を、もっと多くの国民が抱くように、政府は労働政策の面でも学校教育の面でも力を入れていく必要があります。

こうした新しい波とともに、もう一つ、日本の企業はグローバルな企業競争を避けられなくなったことを、私たちはよく考えておくべきです。

企業の経営者たちは、国際競争力を強化するために、今後も事業を徹底的に効率化していきます。その姿勢は、いったん採用した社員を最後まで雇用するという旧来の経営者とは違った行動様式であると言い換えることができます。

日本で正社員をリストラすることは、法律や政府の規制が厳しいこともあって、世界で最も難しいと言われています。しかし、そんなことをいつまでも黙認していては、企業は激しいグローバル経済下での競争に勝ち抜いていくことはできません。

そこで会社側が、労務問題で経営不振に陥る前に、関係会社への出向などのいろいろな方法を用いて、正社員の削減を徐々に進めていくことは目に見えており、現にそういう動きは多くの企業で起きています。働く側は、そのことをしっかりと見抜いて、今後の自分の生き方を時代に即応したものに変えていかなくてはなりません。

もうこれからのサラリーマンは、自分の所属する会社・団体が大きいからといって安心はできません。時代の流れが大から小への組織変革にあることを考えれば、むしろ大きな組織にあぐらをかいてきた人たちこそ、リストラの危機は迫ってくると考えるべきです。

では、こうした事態に対して、私たち個人は今後どうしていけばいいのでしょうか。

そのことを考える場合、これからの企業が避けて通れないグローバリゼーションは、他国・他社との競争に勝つことが前提になると認識しておくことです。

今、世界の国々では、個人も企業もすべてが実力を磨いて、激しい競争に勝つための能力を向上させることに必死です。

したがって、**日本以外の国の個人は、勤め先や国に頼らず、競争に勝ち残るための能力を向上させ、主体的に選んだ職業で力を発揮し、自己実現を図ることを人生の目的にしています。**

アメリカだけでなく、諸外国の学生の間では、グローバリゼーションの影響でスモールビジネスのチャンスが増大したことから、起業の研究が熱心に行われており、就職をする場合でも、将来の独立を視野に入れて勤め先を選んでいます。

また民間企業も、自国の政府の保護政策に頼らず、自力で厳しい企業競争を生き残るための実力を備えることに真剣です。

どの国の政府も倒産企業を救うことに熱心ではありません。安定よりも競争を奨励しているために、倒産は競争で生じるやむを得ない事態と受け止めているのです。ですから海外諸国の企業倒産率は、日本の二倍以上もあるのです。

ところがいまだに日本だけは、特に個人の多くは、依然として二〇世紀型の生き方モデルから脱却できずにいます。その証拠に、日本のサラリーマンの大半は、競争よりも安定を尊重し、組織の中で学歴と年功を武器に波風を立てないように生きることを心がけ、無事に定年まで過ごせることを、生活信条の第一に掲げています。

日本の大企業のサラリーマンの間では、途中で独立することは、まともな人間がやることではないという常識が今でもまかり通っていますが、これは諸外国では信じられないことです。

日本型サラリーマン候補生を輩出する大学も、独創性豊かな個性を磨き、競争力のある人材教育をせず、相変わらず二〇世紀型の画一的な人材養成を行っています。ですから、そうした学生がいったん就職すると、その五七・四%が定年まで勤めたいと希望し、自分で起業し独立したいとする人は一二・八%しかいません（二〇一〇年の日本生産性本部の『新入社員意識調査』による）。

また、**定年後、自分の専門を生かして独立自営の人生を歩む人の率は、日本が先進諸国で最低なのです。**とにかく、今、世界中で日本人ほど内向きな、そして自己変革に消極的な民族はいないと言われています。日本の状態がこのままで推移すれば、日本の国勢は衰えていくばかりですが、私はそうなっていくとは思いません。その理由は日本の歴史が教えてくれています。

日本は歴史上、今回の東日本大震災を除いて、三度も大きな難局に見舞われました。一度目は鎌倉時代の二回にわたる元寇《げんこう》（蒙古襲来）、二度目は明治維新、三度目は大東亜戦争の敗戦です。

これまで日本の国民は、この国難をいずれも見事に乗り切りました。それだけに、今回の東日本大震災も、きっと国民は乗り切ることができると確信しています。そうなるであろうと予測できるのは、次のような状況があるからです。

二〇一〇年のNHK大河ドラマ『龍馬伝』では、安定していた生活を捨てて脱藩し、新しい時代に賭けた坂本龍馬の生き方が生き生きと描かれましたが、その姿にかなりの日本人は何かを感じたと言われています。

それは、今の日本が、龍馬が生きた幕末と同じように、古い仕組みに寄りかかる生き方から脱して、新たな社会に対応する生き方を身につける時代になりつつあることを、人々は感じ始めているからだと思うのです。

そういう人たちは、今から先のことを真剣に考えています。**これからは、どこかの会社員であるといった所属価値に頼るのではなく、自分が選ぶ仕事を通して実力を磨き、己の存在価値を頼りに、最低でも定年後は独立し、自己実現の日々を生きることが本当の人生であると、心の奥底では考え始めているのです。**

こうしたこれまでは少数派の人たちが抱いてきた、存在価値を尊び自己実現を望む人生観への目覚めが、頻繁に起きつつあるリストラの現象を前にして、多くのサラリーマンの心に、今、徐々に起きようとしているのです。

そこで、次の事実も頭に入れておくことが必要です。

二〇一一（平成二三）年一月一三日付の日経新聞は、二〇一〇年九月、ホンダの経営陣と技術者数百人との対話集会で、伊東孝紳社長が「今ここにいる人が半分やめてくれれば、それでOKなんだよ」と厳しい口調で語ったことで、場は一瞬凍りついたものの、それは社長の本心ではなかった……と報じています。

しかし、日本を代表する優良企業であるホンダでさえ、社長が冗談にしてもそういうことを口にしなければならないほど、同社を含めて大多数の日本企業は、グローバリゼーションの影響を受けて、経営的に厳しい状況に立たされているのは事実です。

これまでの大企業は、社員に対し、定年まで雇用と賃金を保証し、老後のために企業年金を用意するといった、至れり尽せりの制度を守ってきましたが、今や、この制度をどこまで存続できるのか、どの企業も自信が持てなくなっています。

定年まで無事に勤めたいという大方のサラリーマンの願望が、とても叶わないかもしれないという事態が、どの企業・団体にも起きる可能性が高くなっているのです。

実は、アメリカではすでにそういう社会的な現象が全国的に広がっています。

その状況を日本に詳しく伝えてくれたのが『フリーエージェント社会の到来』（ダイヤモンド社）です。著者のダニエル・ピンク氏はホワイトハウスの要職（副大統領の主席スピーチライター）を捨ててフリーランスとなった人です。

彼はアメリカで組織に属さず、フリーな身分として働いている人の実態を合衆国政府はつかんでいないことを知り、自ら全米を一年間駆け巡って調査しました。そして二〇〇一年、その調査結果をレポートしたのがこの本です。

この本によれば、調査当時すでにアメリカでは三三〇〇万人（全米の労働人口の二五％）が「フリーエージェント」というワークスタイルを選んでいます。多分、それから一〇年経過した今日では全米の就業者の三〇％前後の人々が、そのワークスタイルの仕事をしていると思われます。

ここで言うフリーエージェントとは、インターネットを活用し、自宅を事務所にして、他社の業務を代行するとか、自分独自の商品（サービスも含む）を開発し、それを売ることで生計を立て、どの組織にも所属していない人たちのことです。

いわゆるマイクロビジネスとかＳＯＨＯ（スモールオフィス・ホームオフィス）の個業

主（＝個人事業主）を指します。

彼らは金銭的に豊かな生活をするよりも、自分の仕事を通して自己実現を果たす生き方に価値を見出している人たちです。

個業は従来の自営業とは違います。これまでの自営業は大きな企業になる前段階の企業形態を意味していましたが、個業は大きくなることを志向するのではなく、自分一人、ないしは家族を含めた数人の小規模で行い、あくまでも自己実現の手段としての仕事をする形態なのです。

日本の統計では、アメリカと同様、こうした新しい概念をベースにした職業群をデータとしては捉えていません。したがって個業主の数を推し量ることは難しいのです。無理に推し量るとすれば、総務省の二〇一〇（平成二二）年度の労働力統計における自営業主数五七九万人をこれに当てるしかありません。

この数字は、わが国の全就業者の九・三％になります。二五％のアメリカの割合に比べると、わが国の割合はかなり低いと推定できます。

しかし、戦後の歴史を振り返ると、わが国の産業構造はアメリカを追いかける形になっています。したがって恐らく二〇～三〇年後には、日本の雇用形態もアメリカのようになっていくと考えておくべきです。こうした変化はアメリカだけではなく、欧州の先進諸国でも同時進行中の現象です。

リストラされたサラリーマンの中には、それまでと同じ収入を確保できる転職先が容易に見つからないという就職環境の下で、それならば自宅をベースにした個業主の道を選ぼうとする人も出てきます。そういう道を選ぶ人は、昔であれば特別な人の場合で、人数も少なかったのです。しかし現在はそれが珍しくなくなりつつあります。それだけパソコンが各家庭に普及しており、現在六〇代半ば以下の人々の間では、ＩＴ時代に対応したビジネス能力が身についてきているのです。

したがって、この傾向は一時的ではなく、今後ずっと続くものと見ていくべきです。時代はすでに新しいステージに変わっているのです。

実際に、二〇代の就職できない人や就職をしない人の間で、さらには定年族の団塊の世代の間で、自宅で独立するという傾向が目立ち始めています。パソコンで「起業」に関する項目を検索すれば、そこに一〇〇〇万件を超える情報を目にすることができます。

いかに国民がひそかに心の中で起業を考え、さらには、その人たちの中から実際に起業に踏み切るケースが増えつつあるかが、こうした事例を通して肌で感じることができます。

では、こうした「生き方革命」とも称すべき時代の変化に対して、私たちは今後どうすればいいのか、その辺のことを、この本でじっくりと考えていきたいと思います。

私はこれまで講演でも著作でも、「これからのサラリーマンは、サラリーマンで終わってはならない。定年後か途中からは、オーナー（一人事業主の個業主でいい）になるべきだ」と、一貫して主張してきました。つまり、「一身にして二生を生きる」という人生観の下で、一回しかない自分の人生を、もっともっと有意義に送ろうではないかという提言を続けてきたわけです。

そして私自身、サラリーマン生活に二〇年で終止符を打ち、以来三二年間、プロの社会教育家という個業を営んできました。

したがって、この三二年間は、私がサラリーマン時代に培った独立自営のための生き方（way of life）が、実際に世間で通用するのかどうかを、生体実験してきた期間であったとも言えます。

その生体実験の途中経過報告を、私はこれまでの講演や執筆で世に問うてきました。幸いに私の提言を受け入れ、独立して成功している方々が大勢おいでです。ですから、この本でご紹介することは、すでに実証済みのことと受け止めていただきたいのです。

いつくるかわからないリストラの事態に備えたい方、将来は独立したいとの願望を抱いている方、定年後も働き続けたい方、家庭の主婦をしながら自宅でビジネスをしたい方などに、この本をぜひ読んでいただきたいのです。必ずや何かのヒントを得て、将来に対する確かな見通しを手にしていただけると思います。

そこで私からお願いしたいのは、ぜひ、最初から順を追ってお読みいだだくことです。そうしていただければ、今後の生き方が体系的に理解していただけるはずです。

この本は、ぱるす出版の春日榮様のご協力で完成することができました。そのご協力に対し、心から感謝申し上げます。

また、三二年間の私の活動をご支援くださっている全国の田中真澄ファンの皆様にも、この紙面をお借りして、衷心よりお礼を申し上げます。

平成二三年　八月吉日

田中　真澄

目次

◆第一章◆

人生好転のチャンスは自助力旺盛な人に訪れる

◆戦前の日本は自営業主役の社会であった

一九五五（昭和三〇）年の日本の就業者の内訳は、雇用者が四五・七％、自営業主とその家族従業者が五四・三％でした。そのころまでの日本は、自営業主とその関係者のほうが雇用者よりも多いという自営業主役の社会だったのです。**つまり一九五五年までの長い歴史の中で、日本は、今と違って、独立自営の人生を良しとする人たちの社会だったのです。**

その証拠に、江戸時代、関西の地域は江戸幕府に頼ることも少ない、自営精神の強い地域でした。その地域に住んでいた昔の家庭では、息子がサラリーマンになると、親は「サラリーマンでいる間にしっかり腕を磨き、いつかは独立しなさい」と忠告したものです。当時の親たちは、サラリーマンは一人前の男がいつまでもやるべき職業ではないと考えていたのです。

ですから、戦前は、松下幸之助氏のように電灯会社（現・関西電力）の恵まれた社員であっても、そのサラリーマンの生活に安住せずに事業主を目指す人も大勢いたのです。それとともに、当時の世間には、自営業主をはじめ事業主として成功した人を称賛し尊敬するという社会的風土がありました。

一九五二（昭和二七）年四月二八日、戦後ずっとアメリカを軸とする連合国に占領されていた日本は、この日、講和条約が発効し独立、戦前とは違って軍備を持たないことをうたった憲法の下で、平和国家、産業立国の国として再出発を図ることになりました。

そのころ、米ソの対立は激しく、世界は東西冷戦の時代に突入していました。日本は軍事的にはアメリカの庇護を受けることで西側陣営の一国となり、本来なら軍備に充てるべき予算の多くを経済振興に充当していきました。

その結果、民間企業は多くの従業員を抱え事業規模を拡大し、高度経済成長に寄与しました。一九六八（昭和四三）年、日本はドイツ、フランス、イギリスなどの先進諸国を経済規模で追い越し、アメリカに次ぐ世界第二の経済大国になったのです。

この高度経済成長の影響で、一九五五年以後の日本の就業構造は大きく変わり、自営業関係者の割合が年々減少し、その一方で雇用者は年々急増していきました。

今日では雇用者が八七・三％であるのに対して、自営業主とその家族は一二・七％となっています。

つまり世の就業者の大半がサラリーマンという、サラリーマン主役の社会が出現し、サラリーマンで人生を全うすることをよしとする人が大勢を占めることになりました。

サラリーマンを経て、将来は自営業主として活躍したいと考えている人の存在は、現在のわが国では小さな割合でしかありません。

しかし、**このわずか半世紀の間に生じた自営業主役の社会からサラリーマン主役の社会になったという変化は、長い目で見れば、一時的な社会現象に過ぎないことを、ここでぜひ認識しておきたいものです。**

一九五五年、私が大学に入学したころの日本は、先に述べたように、自営業主のほうがサラリーマンよりも多い社会でした。四年間の大学時代、私は家庭教師のアルバイトをしましたが、そのアルバイト先はみんな自営業主の家庭でした。

戦後一〇年の当時、日本の平均的なサラリーマン家庭では、いまだつつましい生活を送っていましたが、家庭教師を招くことのできるような自営業主の家庭は、どこも経済的に豊かでした。

私は授業の前に夕飯をいただくことを条件にしていましたが、どの家庭も毎食ご馳走を用意してくれました。貧乏学生であった私は、家庭教師先で栄養補給をしたものです。

また、サラリーマン家庭で育った私は、自営業主のご主人の体験談に興味を抱き、時折、授業の後でお茶をいただくとき、ご主人の話に耳を傾けるのが楽しみでした。その話を聞きながら、サラリーマン家庭で育った私は、それまでに味わったことのない心躍る挑戦的な人生を感じたものです。

四年間、自営業主の家庭でアルバイトをしたおかげで、私は自営業主の仕事と家庭の両面を垣間見ることができました。そしてサラリーマンの人生よりも自営業主の人生のほうが、精神的にも経済的にも圧倒的にやりがいがあるのでは、と考えるようになりました。

そこで、大学卒業時にはサラリーマンの道を選択するものの、それは将来の自営業主の道につながる経験ができるところにすべきであるという、私なりの独自の就職観を持つようになり、その点から就職先を決めました。

就職試験に合格した企業・団体は三つでしたが、その中から将来の独立のためには、日本経済新聞社に就職するのが一番いいと考え、そうしました。

入社時には、できるだけ自営業の勉強になる販売部門への配属を強く希望しました。日経はそれを叶えてくれました。そのことに今も感謝しています。もしその希望が叶えられなかったら、今の私はなかったかもしれないからです。

この私の就職観と人生観は、当時の仲間からは「変わっている」と言われましたが、今では当たり前になりつつあります。

この私が経験した事例を通して、サラリーマンで終わるという人生観を日本人が抱くようになったのは、戦後のわずか五〇年間の出来事でしかないことを、ここではぜひ理解しておいてほしいのです。

もともと人は皆、最後は自分の仕事で自営することが本来のまっとうな生き方だと私は考えます。「一身にして二生を生きる」人生を、本当は国民みんなが目標とすべきなのです。

戦前の日本人はそのことをしっかりと認識していました。ですから、子供たちに手に職をつけることを口やかましく言ったのです。

サラリーマン時代に、仕事を通して力を磨き、独立しても何とか生きていける能力を身につけておけば、突然リストラされても、別に恐れることはありません。

これからの時代、起業のチャンスがたくさん出てきます。そのチャンスは年齢不問ですから本気でやれば、たとえ定年後でも堂々と自営の人生を歩むことができるわけです。

そのように、これからの人生をとらえ直していけば、長く生きることが本当に楽しみになってきます。

◆老舗の存在に関心を寄せ、その生き方に学ぼう

前文で私の学生時代のことに触れました。自営業主の家庭を垣間見ることができたおかげで、独立自営とは何かを具体的に知り、自分も将来はそうなりたいという人生観を抱くことになった経過を紹介しました。

その私なりの人生観が、サラリーマンであった日経時代の生き方を方向づけ、さらに今日、セルフモチベーションの大切さを説くプロの講演家として生きる、私の独立人生につながっているのです。

この独立自営志向の生き方は、これからは多くの日本人が抱くものになると思います。くどいようですが、もうサラリーマンで一生過ごす時代は終わりました。本人はそうありたいと思っても、リストラで職場を失う可能性が待っているのです。**誰かに雇われなければ働けない状態に己の身を置くだけの人生でなく、将来は独立自営の形で働く人生を志すことが、これからの国民が求める生き方になるのです。**

菅前首相が演説で「雇用！　雇用！」と叫んでいた姿を見て、この人は時代の変化がわかっていないなと思いました。雇用ではなく「独立！　独立！」あるいは「起業！　起業！」と唱え、そのための覚悟を国民に訴えていかなければならないのが、今の日本の総理大臣の姿であるべきです。

その点、アメリカのブッシュ元大統領は、二度目の大統領就任演説で「オーナーシップ社会を築くこと」を提言しました。オーナーシップ社会とは、国民一人一人が生活を国家に頼るのではなく、自分の責任で生きていく社会を意味します（当時の日本のマスコミは、このオーナーシップ社会について触れたブッシュ元大統領の演説の個所をほとんど報道しませんでした)。

もう日本の政府も、現行のサラリーマンになるための学校の制度と教育内容を、将来は独立を目指す人材を育てる仕組みに切り替えていくという大きな方向転換を図る必要があります。

拙著『21世紀は個業の時代』(ぱるす出版)で、フィンランドでは幼稚園から起業家の育成教育を行っており、その教育が他の欧州諸国でも取り入れられていることを紹介しています。

これを読んだ読者の一人から、「わが国の旧態依然たる教育制度を、政府は早急に変革すべきです」とのお便りがありました。今日の世界の状況を知れば、そういう思いに駆られるというものです。

しかし重い腰を上げようとしない政府の対応を、私たちはじっと待ってはいられません。ここは自分だけでも、独立自営の道を研究すべきです。

幸いに、日本は世界に冠たる老舗長寿国です。二〇〇八年五月に韓国の中央銀行の韓国銀行が発表した資料によれば、現在、世界に二〇〇年以上続いている老舗が五五八六社あり、そのうちの三一四六社(全体の五六%)は日本にあるのです。ちなみに第二位はドイツ八三七社、続いてオランダ二二二社、フランス一九六社、アメリカ一四社、中国九社、台湾七社、インド三社、韓国〇社となっています。

どこの国でも、長続きしている企業が優秀であるというのが常識です。ということは日本に最も優秀な商店や会社がたくさん存在するということです。この事実を私たちは大いに誇っていいはずです。

しかし、学校教育では、この日本が誇るべき老舗のことについて全く教えていません。それどころか、独立自営の生き方や、そういう生き方を目指すことが大切であることも、日本の教育は一切触れようとしません。日本以外の国では独立自営を目指す人が激増している今日、この世界の潮流に無関心な人がわが国にはあまりにも多いのです。この後ろ向きの状態から抜け出すには、まず私たち自身で老舗の研究を始めることです。

なぜ老舗は、あらゆる不況や戦争の時代を乗り越えて、長く事業を繁栄し続けているのか、その生き方を理解することです。その上で、老舗の生き方を個業主の永続に生かしていくのです。

老舗を理解するために知っておきたいことがあります。それはピーター・F・ドラッカーの著書『チェンジ・リーダーの条件』（ダイヤモンド社・二二〇頁）にある次の言葉です。

「いかなる企業であろうと、得意な分野以外でイノベーションを行おうとしても成功することはめったにない。イノベーションは、多角化であってはならない。いかなる利点があろうとも、多角化をイノベーションや起業家精神と一緒にしてはならない。新しいモノは、理解していない分野で試みるにはむずかしすぎる。イノベーションが行えるのは、市場や技術について卓越した能力をもつ分野においてのみである。新しいものは、必ず問題に直面する。その時、事業に通暁していなければならない。（中略）イノベーションは、自らが理解しているところでしか行えない」

このドラッカーの言葉に、老舗が一点集中の商法に徹している理由が読み取れます。つまり、一つの商品、一つのサービスに徹していると、次々と新たな開発のヒントをつかむことができるということです。

日本で最も古い代表的な老舗は一五二〇年代創業の羊羹の虎屋です。この虎屋一七代目の現当主・黒川光博氏は同社のホームページで次のように語っています。

「『伝統とは革新の連続である』という信念のもと日々努力をし、時代の流れを読みつつ常に前進しなければならないと思っています。原材料、製造技術、製品はもちろん、接客サービスにいたるまですべての面において、質の向上を目指しています」

あらゆる時代の波を乗り越えて生き残ってきた老舗の秘法は、「絶えざる基本徹底」とともに、自分の事業に一点集中し、「絶えざる自己革新」を持続していくことにあるのです。

私たち個人も、絶えず基本徹底と自己革新をしていかなければならないわけが、ここに示されています。長く繁栄を続けるには絶対に怠け者であってはならないのです。

今、多くのサラリーマンは楽な生き方を選びがちですが、この風潮に乗らないことです。人は一点集中で勤勉に生きることが大切であると、老舗の歴史から学ぶべきです。

◆老舗を支える生活の基本を身につけよう

事業が永続するためには、「絶えざる基本徹底」と「絶えざる自己革新」が必要であるとわかった以上、それを個業にも応用すべきです。そのためには、この二つについて具体的な項目を知り、それを普段の生活でいち早く実行していくことです。

実は、私が日経時代、将来の独立を考えて老舗の研究をしていく過程で、最も大切だと感じたのは、「絶えざる基本徹底」である良き生活習慣の実行でした。そして、良き生活習慣を身につけなくては、どんな仕事もうまくいかないこと、新しいことを創造する力も養えないことを、多くの事象から学びました。

これまでの拙著でたびたび紹介してきたとおり、**福澤諭吉は独立自尊のベースは良き習**

慣の実行であることを説いています。その重要性は明治時代も現在も全く変わりません。

ところが、戦後の占領下での学校教育では、生活の基本である徳育の教育が否定されて、自由主義と個人主義だけが教えられたため、その影響が家庭に及び、日本の家庭では、年月が経つごとに両親が良き習慣を子供に厳しくしつけなくなった、という悲しい事態が生じ、それが今日ますます広まっているのです。

福澤諭吉は「教育の事」と題する一文で次のように述べています（岩波文庫・『福澤諭吉家族論集』二〇七頁）。

「教うるよりも習いという諺《ことわざ》あり。けだし習慣の力は教授（学校の教育：筆者注）よりも強大なるものなりと趣意ならん。子生まれて家にあり。その日夜見習う所のものは、父母の行状と一般の家風よりほかならず。一家の風は父母の心を以て成るものなれば、子供の習慣は全く父母の一心に依頼するものというて可なり。故に一家は習慣の学校なり、父母は習慣の教師なり。而《しこう》してこの習慣の学校は、教授の学校よりも更に有力にして、実効を奏すること極めて切実なるものなり」

子供たちが家庭で良き習慣を身につけることができなくなった弊害が、今、あらゆるところで生じています。日本の美徳とされた年上・先輩・上司・先生を敬うという習慣が今や学校ではなくなりつつあり、教師にきちんと挨拶できる生徒・学生が非常に少なくなりました。職場でもそのことは同様です。

私は企業内研修に長く携わってきましたが、年々、従業員のマナーが悪くなっていくことを実感しています。挨拶も返事も受講中の姿勢もきちんとできない人が増えています。そのことを厳しく叱責すると、叱責された経験がないからでしょう、きょとんとした目で私を見ている人が多いのです。彼らは良き習慣の重要性が全くわかっていないのです。

このことは厳しいサービス競争に直面している企業にとっては大きな問題です。せっかく採用しても、まともに挨拶一つできない社員を抱えていては、顧客の創造と維持に大きな支障をきたします。

それを解決するには、**老舗の商法に学ぶのが一番です。老舗は従業員を雇うとまず徹底的にしつけ教育を施すのが習いです。その老舗の教育には三つの特徴が見られます。**

第一は、毎朝の神仏へのお祈りを通して、親孝行と感謝の気持ちを抱き続けることです。

老舗に限らず、良き生活習慣を身につけることに心を砕いている多くの家庭や企業では、毎朝、神仏にお祈りをする習慣を実行しています。その際にはまずご先祖様に対し、そして自分を支えてくれている人々に対し、感謝の気持ちと勤勉を誓います。
特に、両親に対してのお祈りでは、両親の明るい笑顔を心に描きながら、親孝行を誓い、今日も健康で平和に過ごせることを感謝します。このお祈りを続けることによって、家族全員が謙虚な気持ちでその日を過ごすことができます。

第二は、勤勉な生活を送るための習慣である次の三つの実行から始めます。

①早起きをして、精神的、時間的に余裕を持ち、その日の計画を確認し、仕事の優先順位をつけ、その順位のとおりに物事を実行し、約束を厳守していきます。
②挨拶・返事の励行を心がけ、家族を含めて人様には、必ず挨拶・返事をするようにします。「挨拶人間に不幸なし」の言葉どおり、不幸にならないベースを作ります。
③整理・整頓・清掃・清潔の４Sを実行し、気配りのできる人になり、凡ミスをなくし、併せて家庭や職場を気持ち良く過ごせるようにします。
この三つを毎日実行することで、勤勉さが身につき、怠惰な生活との縁を切ることができます。

第三は、正直に生きる習慣を身につけることです。

どんなことも手抜きをせず、誠心誠意で行うことを習慣づけておけば、人様に迷惑をかけることがありません。そのことは、時間が経てば必ずはっきりしてきます。ですから永続を旨とする老舗は、常に正直な仕事を心がけるのです。

国宝などの文化財の補修を担当する京都の宇佐美《うさみ》松鶴堂《しょうかくどう》は、一七八〇年代から二三〇年余も続いている表具業のトップに立つ老舗です。この老舗の家訓では「正直」を最高位に位置づけし、やってはならない悪徳として無理・無心を正直と対置しています。

表具業の仕事は、補修を終えた後、長い間をかけてその結果が判明してきます。正直な仕事振りが問われるわけです。しかし、この姿勢は、本来、永続を目標とするすべてのビジネスに求められるものです。もちろん個人にも当てはまることです。

◆サラリーマン根性を捨てない限り、個業主としての将来はない

前文で、老舗の絶えざる基本徹底として、日々の良き生活習慣の励行を紹介しました。ところが、私のこれまでの経験では、サラリーマンほど、この老舗の習慣の大切さを訴えても、それに関心を寄せようとしないのです。

「そんな当たり前のことを実行することが、なんでビジネスの成功に関係があるの?」と

言わんばかりの表情で受け止めるのです。

つまり、日本のサラリーマンの多くは、将来は個業主になるという目標がないために、老舗のような自ら事業を立ち上げ、それを長く続けている人の生き方に興味がないのです。

したがって、学校時代も勤めてからも、事業主とサラリーマンの違いを考えたことがありません。私が企業内研修で、この両者の根本的な違いは何かと質問しても、正しく答えられる人はほとんどいません。それほど、これまでの日本のサラリーマンは、サラリーマンで一生を終わるという人生観しか抱いてこなかったのです。

しかし、「はじめに」で触れたように、**これからのサラリーマンは、人生の途中から個業主として生きていくという運命が待っている可能性があることを考えておくべきです。**

それがわかれば、個業という事業を立ち上げることに関心も出てくるでしょうし、そのための準備もするようになっていくと思います。

そこでまず知るべきことは、サラリーマンと事業主の根本的な違いです。

その違いとは、サラリーマンには労働基準法が適用され、働き方に法的な規制と保護を受ける権利があるのに対して、事業主と同居の親族には労働基準法が適用されないという点です。

私は、事業主には労基法が適用されないことを、事業主に与えられた特典であると言っ

てきました。つまり、事業主には全く経済的な保障がない代わりに、労基法に関係なく、自由に働けるという権利が付与されているということです。

事業主とその家族は、低賃金であろうが、時間外労働であろうが、長時間労働であろうが、深夜労働であろうが、休日労働であろうが、年中無休で働こうが、地元の労働基準監督署から何の文句も言われないですむという特権を自由に駆使できるのです。

まさにこれを事業主の特典と言わず、何と言うのでしょうか。

この事業主の特典を知って、「これはいい話を聞いた」と胸躍る感じを抱くサラリーマンは、自分の将来のことを真剣に考えている人です。

ところが、「事業主はそんなに働かなくてはならないのか」と否定的にしか受け止めない人は、自分が将来は事業主として活躍することを視野に入れていない、サラリーマン根性で凝り固まった人です。

前者は事業主魂を理解できる人であり、将来、個業主になっても成功できる可能性を秘めています。一方、後者のサラリーマン根性に侵されている人は、たとえ個業主になったとしても失敗の可能性が高い人と言えるでしょう。

私は、この両者の違いを、これまでの講演で幾度も指摘してきました。そんなことを聞いたことがない人でも、心ある人ならばハッと何かに気づくものです。そういう人を私は、これまでたくさん見てきました。一つの例を紹介しておきましょう。

ある三〇代半ばのサラリーマンが私のファンに連れられて、イヤイヤながら私の公開講演会に参加したときのことです。その人は定年まで勤めた後は、のんびり余生を送ることしか考えていませんでした。

ところが、私の話を聞いているうちに、サラリーマンだけで人生を全うすることはできない時代がやってくること、そして、すべての日本人の将来に、個業主になる運命が待っていることを悟ったようです。

それまでこの人は、可もなく不可もなしの典型的な普通のサラリーマンでしたが、将来は個業主になるという目標を抱いた瞬間から、それまでのサラリーマン根性から事業主魂に気持ちがガラリと変わったのです。彼は、今の仕事を本気でやっていれば、その過程で、自分が何を個業にすべきかがつかめるはずだと考えたのです。

それからは朝の出勤が誰よりも早くなり、仕事もてきぱきと処理していき、顧客のクレーム処理も率先して担当するようになったのです。イヤな仕事こそ将来の個業主のための勉強になるはずだと考えるようになったからです。

彼の場合、仕事の性格から、時には休日出勤もしなければならないことがあるのですが、これまではできるだけ避けるようにしていたのを、自ら買って出るようになりました。こうした前向きな変化に驚いたのは職場の人たちです。最初はどこまで続くことやらと見ていたようですが、彼がますます仕事熱心になり、何事も真剣に取り組む姿勢が持続することから、次第に周りの人々の反応が好意的になっていったのです。

そして今では、多くの人の尊敬を集め、職場では欠かせない重要な人物となっています。この彼自身の前向きな態度への変身と、周りの人々から好感を持たれるようになった背景には、将来は個業主になるんだという目標をはっきりと設定したことにあります。

この事例からも、**個業主を目指すという自覚を持つことで、人は自然にセルフモチベーションを上げていくものだということがよくわかります。**

こうした人間の心理を、私たちは自分の人生設計の上で大いに活用したいものです。

◆第二章◆

会社・団体に所属して生きるだけでは人生を全うできない時代

◆正社員削減が続くと「一身にして二生」の人生が見えてくる

パソコンで「不景気.com」と検索、その中の「国内リストラ」の項目をクリックすると、そこにわが国のリストラの現況と過去の事例を見ることができます。さらに、ヘッドハンティング（＝人材スカウト、エグゼクティブサーチ）を検索してみると、企業の経営管理職層の転職が盛んに行われていることもわかります。

つまり、これらの情報は、**これまで日本のサラリーマンが拠り所にしてきた終身雇用、年功序列賃金の制度が年を追うごとに崩れてきていることを示しています。**

ところが、世の親たちも教師たちも、この現実を直視しようとせず、相変わらず従来と同じような進路指導に終始しています。その結果、就職活動を展開している学生諸君は、あくまでも大きなところに就職することにこだわることになるのです。

こうした状況について、二〇一一（平成二三）年二月一二日号の『週刊現代』（六一頁）は次のように報じています。

「文科省・厚労省の最新の発表では、今年の三月卒業予定の大学生就職内定率は史上最悪の六八・八％。ほぼ三人に一人が内定を得られていない。

一方、リクルートワークス研究所の調査によれば、企業全体の求人倍率は約一・三倍で、従業員三〇〇人未満の企業では約四・四倍に達する。

そんなギャップが生ずるのは、多くの学生が各業種の上位三社あたりまでだけを手当たり次第に受けているからだと言われている。自分が名前を知らなかった中小企業には興味がなく研究すらしない。

しかし、そもそも数十年前から、景気の良し悪しにかかわらず大卒の約七割は中堅、中小企業に就職してきた。

現代の就活生たちの『安定した大企業に入りさえすれば、そこそこ出世して一生楽に過ごせる』という『常識』は、根拠に乏しい幻想ではないだろうか。（中略）

高給で知られる外資系大手の社員は、三〇歳を過ぎたら常にリストラを覚悟しなければいけないほど、厳しい競争にさらされているという。

そうでないぬるま湯体質の会社は、ますます激しくなる国際間競争で淘汰され、会社そのものがなくなってしまうかもしれない」

この報道記事を読みながら、私はかつて携わった企業内研修を思い出さずにいられませんでした。一九八〇（昭和五五）年から一九八九（平成元）年ごろまでのわが国の経済はバブル景気に沸き、どの企業も好業績を上げていたことから、企業は社員の研修に時間と費用をたっぷりと投入したものです。

おかげで私も都市銀行・信託銀行・生損保・証券会社などの一流金融機関や大手メーカー、総合商社などの社内研修に数多く招かれました。そこでは、新入社員から管理職までの各階層に対し、私独自の「生き方論」を講じました。

私の提言は、恵まれているサラリーマン生活に安住・埋没することなく、長くなってきた定年後の長寿の人生に備えて、少なくとも定年後は自助独立の道を歩めるように、しっかりと自分を鍛えて、いつかは何かのプロになっていけるように地道に専門力を磨き続けていってほしい、という人生一〇〇年を前提とした人生設計でした。

多くの受講生は、当時としては珍しかった私の持論に興味は示しつつも、ただ聞き置く程度で終始していました。しかし、その中にあって、私の提言を自分の将来に結びつけ、その後のサラリーマン生活で、自分の専門を形成していった人も何人かいました。

その中のひとりのS氏は、信託銀行在職中に研鑽を重ね、定年後は経営コンサルタントとして活躍しています。

S氏の話では、同期の仲間たちのほとんどは、定年後は独立の人生を送ることなく終わっているとのことでした。したがって、仲間たちは、多くの顧客に恵まれて活躍している

S氏を羨ましく思っているそうです。

その仲間たちも、かつて私の講話をS氏と一緒に聞いているのです。彼らは一流大学の出身ですから、学力の点では、S氏も仲間たちもみんな同じと見ていいでしょう。違っていたのは将来に対する目標設定・こうなりたいというセルフイメージ（自己像）の有無でした。

私の話を聞いて、「私は必ず独立して自分の専門を生かす人生を歩むぞ！」という自己目標を抱いたS氏は、みんなと同じ仕事をしながらも、余暇の時間を使って、自分の専門力を磨くことに努力を惜しまなかったのです。

といってS氏は決して仕事に手を抜くことはなかったのです。ただ週末ゴルフに行く時間を自己啓発に充てたのです。その積み重ねが、定年後の人生を実り豊かなものにしているのです。

その背景には、S氏のサラリーマン時代の誠心誠意の仕事ぶりがありました。それが今日のコンサルタントの地位を築く土台になっているのです。

このように、**サラリーマン人生を送った後で、独立自営の個業の人生を送るという「一身にして二生を生きる」生き方を実現している人を見ていると、将来は個業で生きる目標を持つことがいかに大事なことであるかを、改めて痛感させられます。**

◆超高齢社会の日本では、死ぬまで働くことが当たり前に

国の総人口のうち六五歳以上の高齢者率が二一％を超えたとき、その国は「超高齢社会」と呼称されることが国連で定義されています。

世界における「超高齢社会」第一号は日本です。二〇〇七（平成一九）年に二一％を超えました。以来、毎年その率は上昇しており、二〇一〇（平成二二）年の率は二二・五七％であり、さらに二〇五〇年には三五・七％になるであろうと国立社会保障・人口問題研究所では推測しています。

高齢者率が高まれば、当然のこととして、一五歳から六四歳までの生産年齢人口は逆に減少していきます。

こうした状況を、二〇一一年一月二五日付の日経朝刊は一面トップで次のように報じています。

「公的年金の支給総額（年金総額）が二〇〇九年度に初めて五〇兆円を突破し、名目国内総生産（ＧＤＰ）に対する割合が一割を超えたことが、厚生労働省の調査でわかった。年金の受給者数が三七〇三万人と前年度と比べると三・一％増える一方、支え手である加入

者は〇・九％の六八七四万人に減った。現役一・八人で受給者一人を支える構図で、制度の存続が揺らいでいる。（中略）

公的年金は現役世代の納めた保険料で高齢者の年金を支える仕組み。人口減少が続き、加入者数が減れば、その分年金財源が悪化する。六五歳以上の高齢者一人に対する生産年齢人口（一五～六四歳）は、〇九年の二・八人から二・三人に低下する見込み。膨らむ給付費にどう対応するか、抜本的な年金制度見直しが必要になる。（中略）

年金制度改革を巡っては、与謝野馨経済財政担当相が原則六五歳の年金の支給開始年齢の引き上げに言及するなど、給付削減が課題になりつつある。日本経団連の米倉弘昌会長も記者会見で、年金支給開始年齢の引き上げについて『将来、必要になるとは思う』との考えを示した」

この記事でも触れられているように、**近い将来、年金の支給開始年齢が現在の六五歳からさらに引き上げられる可能性は高いと覚悟しておく必要があります。**

すでにドイツ、アメリカ、イギリスは今年から支給開始年齢を段階的に引き上げていき、二〇三〇年からドイツとアメリカは六七歳からに、イギリスは六八歳からにすることが決まっています。

この三国の支給開始年齢の設定を見てみると、それぞれの国の平均寿命の一二～一三年前としているようです。WHO（世界保健機構）の二〇一〇年の男女平均寿命のデータによれば、ドイツの平均寿命は八〇歳ですから一三年前、アメリカは七九歳ですから一二年前、イギリスも八〇歳ですから一二年前となっています。

この設定基準を日本に当てはめてみると、日本の男女平均寿命は八三歳ですから、その一二年前だと七一歳、一三年前だと七〇歳、一四年前だと六九歳、一五年前だと六八歳となり、平均では六九・五歳（四捨五入して七〇歳）ということになります。

このことからも、**日本も支給開始年齢を六五歳から七〇歳に引き上げることになると踏んでおくことが必要です。**

一国の制度が変更される場合、まず専門家によって改革の方向が検討され、それが政府の政策立案につながり、国会で決定されることになります。したがって、将来の年金の支給開始年齢の変更について、日本でもすでに専門家の間ではいろいろな議論が行われています。

現に、二〇一〇年九月二八日に東京都内で行われた一橋大学世代間問題研究機構・日本総合研究所主催の「年金の将来～信頼できる年金制度の構築を目指して～」の政策フォーラムでは、基礎年金の支給開始年齢を七五歳からにするという一橋大学・稲垣誠一教授の案と、八〇歳からにするという東京大学・井堀利宏教授の案が提示され、それぞれが真剣に検討されています。

こうした議論が高まるにつれて、**最低七〇歳まで、できれば死ぬまで働くことが必要ではないかという世論が次第に形成されていくことになるでしょう。**

その証拠にマスコミではすでに「70歳まで働く!～第2の就活」（『週刊東洋経済』二〇一〇年一〇月二日号）、「死ぬまで現役～60歳すぎてからが『本当の人生』～」（『週刊現代』二〇一〇年一一月二〇日号）といったようなタイトルの特集が組まれるようになってきています。

これに加えて、高齢者の福祉制度を支えている世代からも、現状の年金制度に対する批判、反発の動きが出てきていることにも注目しておかなくてはなりません。

その一つの現象として、若い世代からの批判の声が盛んに書籍でも取り上げられるようになってきました。

『若者奴隷時代～〝若肉老食〟社会の到来～』（晋遊舎）とか『孫は祖父より1億円損をする～世代会計が示す格差・日本～』（朝日新書）をはじめとする若い世代からの高齢者対策の見直しを求める本が、このところ相次いで出版されています。

こうしたことを考えると、これからの私たちは、老後を年金や老人福祉制度に頼るのではなく、元気な間はできるだけ働き続けるという、それこそ個業の人生を目指すべきだと思います。時代がそうなってきたのですから、それに対応した生き方をできるだけ早く確立することです。

三二年前から「終身現役の人生観を抱こう！」と訴えてきた私は、高齢者就業の議論が今になってやっと行われるようになった状況を前にして、「思考が現実のものになるには時間がかかるのだなぁ」と複雑な思いに駆られています。

◆個業のチャンスは全国に広がり、増えてきている

私は一九七九（昭和五四）年の春に独立しました。当時の日本は、サラリーマンが独立することには、政府の規制や税法上などの面で数々の困難がつきまとっていました。

第一、当時は大企業を辞めて何か小さな事業で成功しても、その行為は社会的にあまり評価されませんでした。それよりも、有名な企業・団体や官公庁に勤めていることのほうがずっと高い評価を受けたものです。

それに、そのころの日本は事業に失敗すると二度と立ち上がれないほど社会的な非難を

浴びました。その点、当時からアメリカでは何度失敗しても、挑戦し続けることが許されていましたので、日米合弁企業に勤務していた私は、そのことを知ってとても羨ましく思ったものです。

一九九〇年以後、日本がＩＴ社会になっていくにしたがって、起業のチャンスが激増したために、たとえ失敗してもすぐに再度挑戦する機会に恵まれる時代になりました。また、ベンチャービジネスで成功する人を高く評価する風潮も出てきています。

その一例として、ソフトバンクの社長孫正義氏（一九八一年創業）や、楽天社長の三木谷浩史氏（一九九五年創業）は、今では起業を目指す若者の尊敬の的になっていることが挙げられます。

パソコンや携帯電話の普及により、インターネットによる販売が年々伸び続けています。

熊本県北部に「ＪＡあしきた」という農協がありますが、ここは楽天を通じて地元で産出される農産物（でこぽん、あしきた牛、ギョーザ、サラダたまねぎ、手延べそうめんなど）の通販で大きな成果を挙げています。

この通販で「ＪＡあしきた」の存在を知った顧客は、ＪＡ直営の「とれたて市場（朝市・直売所・インショップ）」に新鮮な農産物を求めて、遠くからでも自動車で続々とやってきています。私は、この農協の職員研修に招かれて現地を訪れ、その盛況ぶりに驚くと同時に、インターネット通販を活用して、農村を拠点にしたビジネスが全国展開できている現状に接し、時代の大きな変化を痛感しました。

生損保業界の代理店研修に長く携わっている私は、地方に在住しながら、やはり全国をマーケットにして活動している代理店があることを知っています。

その一つの中国地方の某代理店は、東京を中心とした企業経営者保険の扱いが多いこともあって、毎週のように上京しています。こうしたビジネスができるのもインターネットの普及があってのことなのです。

ＩＴ社会になって、確かにビジネスチャンスは無限に広がってきています。しかも、独立することに不安な場合や資金がない場合は、勤めを続けながら、パソコンを活用して、夜や週末にビジネスを展開するという創業の形をとることも可能になってきました。

今、日本では携帯電話に加えて、iPhoneやiPad、さらにAndoroid携帯などのいわゆるモバイルコンピュータが個人の間で普及しています。一億総モバイルコンピューティング化の時代が来つつあると表現してもいいでしょう。

そうなれば、当然の結果として、仕事や家庭生活のあり方が大きく変わっていくことになります。人は、いつでもどこでも瞬時に欲しい情報や人に、個人の立場で接触することが容易になってきたからです。

国民の多くがモバイルコンピューティングを生活スタイルに取り込むと、商品（サービスを含める）を提供する側は、地域、時間に関係なく、二四時間体制でビジネスを行うことができ、それだけビジネスチャンスは増えていくことになります。

社会のあり方がそうなれば、**個人は自分の存在価値を武器にして、自宅をベースに生きていくことができるようになります。**

「はじめに」でも触れた『フリーエージェント社会の到来』（五六頁）に、在宅ビジネスで成功した次のような一例が紹介されています。

「バージニア州リーズバーグのサンディ・クレッピンガーは、もっぱらeベイのネットオークションを利用して、ソフトウエア販売の在宅ビジネスを成功させている。ウエブを利用すれば市場への参入障壁はほとんどなかったし、ビジネスを立ち上げるためのコストも最低限ですんだ。実に手軽に、クレッピンガーは、インターネットに接続している地球上のすべての人が利用できる年中無休二四時間営業のお店をもつことができた。eベイでは、この現象を『その他大勢の私たちのための資本主義』と名づけた。私はそれを『デジタルマルクス主義』と呼んでいる。コンピュータが安価になり、携帯型の端末が普及し、どこにいても地球規模のネットワークに接続できるようになったおかげで、労働者は再び生産手段を手にすることができるようになったのだ」

この事例と同じような現象は、日本でも起きています。**もう住んでいる場所や家族構成や学歴、職業に関係なく、自分の得手を活用し、今自分のいるところを拠点にして、好きなようにビジネスができる時代になったのです。**

この時代が与えてくれた個業成功のチャンスを大いに活用したいものです。

◆組織を離れて自助自立の人生を歩むために

家畜の幸福（＝アニマルウエルファア）を探求する研究は、歴史上、長い間、家畜を養い、それを食してきた欧米でまず始まりましたが、近年では、日本でも東北大学をはじめいくつかの大学でも行われるようになりました。

この研究によって、家畜を自然界に放牧した場合の幸福度はどうなのかがわかってきました。

家畜たちは、自然界に放り出されれば、自分で餌を探すため、一日八～一〇時間も動き回らなくてはならず、さらに休眠の場所探し、子育て、危険への対処などの作業を重ねなければなりません。

ところが、そういう自然界の中で作業の多い生活を送ることによって、彼らの幸せのレベルはぐんと上がるのです。そのことは、彼らの行動のあり様や、体温、血液、ホルモン、ストレスなどの検査を通してわかったのです。

この結果は、私たち人間にも言えるのです。

定年後、社会保障の下で、のんびり生きるよりも、何か自分がしたい仕事を行い、日々工夫しながら生きるほうが、本当の人間の幸せにつながり、人として生き甲斐のある日々を過ごせることが、高齢者の生活実態調査をはじめとする諸々の調査結果からわかってきました。

そのことは、哲学者ヒルティが著書『幸福論　第三部』（岩波文庫・三六六頁）で「最も愚かな者は、老年にもならないうちからもう老人ホームに隠遁したり、保養地で暮したりするが、健康さえ得られないのが普通である。健康はただ仕事によってのみ与えられる」と書いていることにも通じます。

一〇〇歳以上の長寿者の男女比は一対九と圧倒的に女性が多いのですが、寝たきりにならず元気な人の割合は、男性のほうが高いのです。それは一〇〇歳以上生きる男性のほとんどが、自分なりの独自の仕事をしている人たちだからです。

現に、高齢者就業率の日本一は長野県ですが、同時に同県の男性の平均寿命も日本一です（二〇〇九年厚生労働省資料）。すなわち、ヒルティが言っているように、働き続けることが最良の健康法でもあるのです。

自然界に生きる動物が死ぬ直前まで働き、自分の裁量で生活していくことによって、究極の幸せをつかんでいるのであれば、人間の幸せも本来、そうした自然界の動物たちと同じなはずです。

このようにアニマルウエルフェアの研究から、人間の幸せを考えてみると、**これまで良しとしてきた「老後の生活は社会保障に委ね、年金や貯金を頼りにのんびり生きる」という悠々自適、晴耕雨読タイプの生活が、実は間違った生き方であること**を、私たちはそろそろ気づく時期にきていると思うのです。

私は独立当時から、「終身現役の人生を送ろう」と講演で訴え続けてきましたが、当初、私の主張は、「面白いことを言う人もいるものだ」と興味半分に受け止められたものです。

しかし、団塊の世代が六〇歳を迎えた二〇〇七（平成一九）年ころから、私の話を真剣に聞く人が増えてきています。同時に、そういう人たちから「あなたの言うとおりだ、私も定年からもう一度人生を生き直したい」といった声が数多く寄せられるようになりました。

こうした声が出てきたことで、私は「三〇年来の主張がやっと世論になりつつある。個業主を目指す人たちのためにも、ここでもうひと踏ん張りしなければならないな」と考えています。

なぜならば、独立して個業主になり、その状態を続けることはそう簡単なことではありません。ですから､個業主になるための準備を事前にしっかりとしておく必要があります。そのことを具体的に伝えていくことが、私の使命ではないかと強く感じているのです。

独立に関心のある人にはよく知られていることですが、独立後一〇年間、事業を継続できる人はわずか全体の二〇％で、あとの八〇％の人は一〇年以内に倒産・廃業していくのが現状です。しかも、さらに二〇年後の残存率は一〇％、三〇年後には五％となっていくのです。

「創業は易く、守成は難し」という言葉が示すように、事業継続はそれほど難しいのです。それがどうしてなのか、そのわけをはっきり理解している人は意外にも少ないのです。

ではそのわけとは何なのでしょうか。

それは創業の前後から、自分の仕事を支えてくれる良い顧客をどれだけ形成していけるか、という「良客」（＝リピートオーダーをしてくれる購買力のある人、他の人に紹介してくれる豊富な人脈の持ち主）の有無の問題なのです。

幸いなことに、私は、悪戦苦闘しながらも三一年間、独立人生を維持してきましたので、どうして私の場合は倒産・廃業を免れるだけの良客創造ができたのかを、自分の体験を通して語ることができます。

したがって、この本では、私の実体験をベースに、自助自営を継続していくための「良客創造」はどうしたらできるのか、そのことについて以下の章で述べていき、人生の後半に賭けようとしている方々の参考に供したいと考えています。

◆第三章◆

サラリーマンから個業主になるためのプロセスを明確に

◆サラリーマンから個業主への新しい老後観を早く持つことが大切

これまで触れてきたように、戦後の日本の大半のサラリーマンは、生涯、サラリーマンとして過ごすという考え方を抱きながら、日々、生活してきました。

多分、あなたもこれまではそうであったと思います。それが一般的なサラリーマンの生き方であったからです。

そういう生き方が形成されている前提には、日本人の平均寿命が戦後間もなくまでは、ずっと五〇歳前後でしかなかったことが挙げられます。

昔から「人生わずか五〇年」という言葉が世間に流布し、五〇歳まで働けば、後は数年の余生を送って人生を終えるというのが、祖先から伝えられてきた私たちの生き方だったのです。ところが、今や、そうした生き方が時代遅れになってきています。

厚生労働省の「平均寿命の推移」のデータを見ればわかることですが、一九四七年（昭和二二年）の日本人の男女寿命は五二・〇一歳でした。つまり、そのころまでの日本人の平均寿命はまさに五〇歳前後だったのです。ところが、一九五〇年を境にして、日本人の寿命はどんどん延びていきました。そして、二〇一〇年度の男性の平均寿命は七九・二九歳、女性は八六・〇五歳で、男女平均では八二・六七歳、四捨五入すると八三歳となっています。これは世界一の長寿記録です。

このように一九四七年から二〇一〇年までの六三年間で男女平均寿命は三〇・六六歳も延びているのです。もちろん、この延びも世界新記録です。

このあまりにも急激な平均寿命の延びに対応して、日本人は自分たちの生き方を変えていくことができずにきているのです。その対応ができずにきたのは、日本ではジェロントロジー（老年学・加齢学）の研究が非常に遅れていることも一因となっています。

かつて私は拙著『人生100年をいきいき生きる』（致知出版社）のまえがきで、次のようなことを書きました。

「人間の加齢と高齢者の生き方を研究する老年学が、アメリカでは三五年前から盛んです。アメリカでは、すでに五〇〇の大学で老年学が講義されており、老年学を専攻する学部が三一もあります。その結果、いろいろな関係機関で老年学を学んだ人々が数多く活躍し、老年学の研究成果を世に広めています。

一方、日本の大学には、老年学を学ぶ学部・学科どころか、教科書すらありません。それだけに、一般の私たち日本人は、老後の人生に対する最新の研究成果を知ることができず、老年学の専門家の指導も受けることができずにいます。したがって、日本の多くの人々は、いまだに古い老後観のまま、自分の老後を考えています」

この事実を知って、私が主張するような老後の新しい生き方を自ら学び、その老後観に基づいて人生を歩み始めている人が、全国に大勢存在しています。

私が提唱している新しい老後の生き方とは、終始一貫、「サラリーマンの後では、個業主の人生を歩もう」つまり、「一生にして二生を生きる」人生観なのです。

「自分はサラリーマン人生を終えた後は個業主として働く」というロングランの人生観を持っていれば、現在携わっている仕事は、すべて自分が個業主になるための準備であるという考え方を抱くことができます。

サラリーマンは、いつかは勤め先を辞めなければなりません。定年のときや、リストラで早期退職せざるを得なくなったとき、自己都合で希望退職をすることになったときです。このことは転職した場合でも同じことです。

サラリーマンの生活を続けることができなくなれば、無職の生活に入るか、あるいは独立して個業主として生きるかのどちらかになります。

独立するとなれば、サラリーマンから個業主（＝事業主）に転じたときの生き方の違いを知っておく必要があります。

私は四三歳で独立しましたが、その時、サラリーマンと個業主の違いをイヤというほど思い知らされました。その違いを個業主の立場からいくつか列挙してみましょう。

①サラリーマンは労働基準法が適用されるが事業主には適用されない。
②個業主が加入する国民年金は厚生年金よりも支給額が低い。
③個業主が負担する国民健康保険料は企業健康保険料よりも高い。
④休業補償のない個業主は働けなくなると収入は一切なくなる。
⑤銀行でローンを組む場合に勤務先がない個業主は不利である。

このような事態に直面すると、最初は誰でもショックを受けるものです。私の場合は、サラリーマンに与えられた特典には頼らないぞ！という覚悟を持っていました。

それでも二〇年のサラリーマン生活の中で、無意識のうちに身につけてしまっていた勤め先依存の心理的な甘えの構造を払拭するには、正直なところ、かなりの時間を要しました。

このような、サラリーマンでなくなった体験を通して、個業主になるための事前の準備は何であるかを、私は明確にすることができました。それを述べてみます。

◆個業主への準備の第一歩は自分の人生のメンター（師匠）を持つこと

私たちが独り立ちの人生を歩むためには、まず、「この人のような生き方をしたい」と憧れるモデルが必要です。自分のオリジナルの生き方を創造するにしても、最初は、誰かを模範とし、それを真似ることから始めなければなりません。

よく「守・破・離」という言葉を耳にしますが、この「守」とは、師匠・師範の指導を守ることを意味します。守っていくうちに、少しずつ「破」（破る段階）に達し、さらに「離」（師匠の教えを超えていく段階）に達していくことを意味するのです。

日本人は個業主になる教育を学校時代はもちろん、サラリーマン時代も受けていませんから、それを自分一人で学ぶことはとても難しいと言っていいでしょう。

ではどうすべきかですが、それは、**自分が進みたい分野で、すでに個業主として成功している人に直接的か間接的に学ぶことです。またそれが最も近道で確実な方法です。**

そこで、ここでは実際の私のケースを紹介し、参考に供したいと思います。

日本の中学校・高校に生徒会という組織ができたのは、一九五〇年（昭和二五年）です。その年、占領軍指導の下に、全国の中学校と高校に生徒会設立準備委員会が結成され、各学年の準備委員と担当の教師たちが協議を重ねました。

私は中学二年生になると同時にその委員会のメンバーに選ばれ、秋からスタートする生徒会設立の準備に当たりました。初代の生徒会長は三年生の委員であった先輩がなり、翌年の第二代の会長には私が選出されました。

占領軍の肝いりでできた生徒会だけに、設立当初の生徒会長の存在は、学校行事でも重要視され、各会合の校長挨拶の後には、必ず生徒会長も挨拶をすることになっていました。

一方、そのころの私の中学校では校内弁論大会が行われ、さらに市内では、一〇校の中学校から選ばれた二〇名の代表が競う弁論大会が毎秋行われていました。私は一年生のときから、その代表に選ばれていた関係で、人の前で話すことには少しは慣れていました。

そのこともあって、生徒会長挨拶のときには、私なりに工夫して校長先生とはひと味違った挨拶を心がけました。この挨拶が意外にも受けました。ある先生が「田中君の話を聞くのが楽しみだよ」と耳打ちしてくれたこともあったぐらいです。

さらに高校でも、一年生で生徒会副会長、二年生で会長に選ばれ、私の話す腕前は少しずつ磨かれていきました。そのことは、東京教育大学に進学し、付属高校での教育実習で、私の授業の評判が良かったことにもつながっていきました。

日本経済新聞社に入社してからは、労働組合の大会、新聞販売店の会合、新入社員研修、営業マン大会などでの私の話が、やはり注目されていきました。そうした私を観察していたある先輩は、「君の話を聞いていると、やる気が出てくるよ。その話力を生かしていくことだね」と言ってくれました。

そうした数々の経験を通して、私は話力を生かして相手をやる気にさせるビジネスに興味を抱くようになり、その分野で世界一の実績を残したデール・カーネギーに、その範を求めることにしました。

そこで一九七三（昭和四八）年当時、都内赤坂にあったデール・カーネギーコースの事務所を訪ね、日本代表の望月幸長氏にお目にかかり、相談に乗ってもらいました。

望月氏は、戦前の一九三九年（昭和一四年）に来日したデール・カーネギー氏に会い、氏の大ベストセラーの原書『人を動かす』をもらい、戦争中も密かに愛読し、戦時下の香港での外国人管理の仕事に役立てたそうです。

氏は戦後、アメリカのミシガン州立大学を卒業し、シカゴのホテルに勤務していたとき、デール・カーネギーコースを受講し、その指導内容に傾倒。カーネギー本部と交渉し、日本でのデール・カーネギーコース主宰の権利を入手し、帰国後、日本で初の講座を開講したのです。

望月氏は、デール・カーネギーコースの本質は熱意（enthusiasm）であり、熱意を受講生に注入することが重要な授業であること、活気ある生活を送るための情熱を身につけた人間を世に送り出すのが究極の目標であると語ってくれ、できれば実際のコースを受講してみることを勧めてくれました。

それからの私は、望月氏の助言に基づき、英語コースの講座を受講し、修了後は、一年間、英語と日本語の両講座のインストラクターの助手となり、夜の講座の運営に携わる経験を積みながら、デール・カーネギーコースが伝授する熱意ある心的態度能力を高めていきました。またそのための学習に多くの時間と費用を投資していきました。

当時は年に数回、デール・カーネギーコースのニューヨーク本部直属の特別講師が来日し、在日外国人ビジネスリーダー向けの特別セミナーが二日間開催されていましたが、そのセミナーに日本人としては私だけが、望月氏の計らいで参加し、外国人との熱心な討論、彼らの前で幾度かのスピーチを経験しました。

さらに一九七五（昭和五〇）年には、有給休暇を利用して渡米し、ロサンジェルスのデール・カーネギーコースの集いにもゲストとして参加し、関係者を取材するとともに、参加者の前で日本を紹介するスピーチをするという経験も積みました。

こうした数々の体験を通して、自らメンターと決めたデール・カーネギーの話力について、私なりにその真髄を把握することができました。

次に、日本人のメンターとして選んだのが、当時すでに日本一の話力指導者と言われていた話力総合研究所所長の永崎一則氏です。私が所属していた販売実務研究会において話された永崎氏の講話に感動した私は、控え室で氏にお会いし、氏の研究所の主宰する話力講座に参加させてもらうことにしました。

その講座は土日の週末に開かれ、一年間にわたるものでしたが、それにすべて参加し、その後、氏の研究所の講師の資格を取得し、特に永崎氏の助手として、企業の土日講座のお手伝いをする機会を手にしました。

その機会を通じて、氏からも話力に関する数々の助言を得ました。話力の決め手は熱意あふれる人間性（＝心的能力）であり、そのためには常に積極的な生き方を心がけるべきだとの指導を受けました。

当時の私は、「ＳＭＩ」と「ＡＩＡ」という心構え能力を磨くための自己啓発プログラムを使っていたこと、後述のマグロウヒル社のロングセラーの教科書『Textbook of Salesmanship』で、能力の重要度で心構え（mental attitude）が占める割合は七五％にも達することを学んでいたことから、先の二人のメンターの指摘を素直に理解することがで

きました。

ところが当時の一般の講演会では、時局解説や文化講演が多く、心構えの大切さ、心構えが最も重要な能力であることを説く講演はほとんどありませんでした。マスコミでも、それに触れている論調は皆無でした。

そうした現状を踏まえて、私は「心構えが最も大切な能力である」という趣旨の講演をするプロの講演家（モチベーショナルスピーカー）になることを目指そうと決めました。

一九七三年にデール・カーネギーコースの望月氏を訪ねてからちょうど六年後、私は二人のメンターの教えをベースに独立に踏み切りました。

以来、今日までの三二年間、まさに「守」から「破」、そして「離」のプロセスを歩みながら、「心構え」を説くことを専門とするモチベーショナルスピーカーとしての独自の道を歩んできました。

もし、この二人の間接的、直接的なメンターに出会わなかったら、今日の私はなかったと思います。したがって、独立に際して、メンターの存在がいかに大切かを、私は心の底から実感しています。

◆個業の目的は良客創造であり、その行動の原点を確認しておこう

『もしドラ』（『もし高校野球の女子マネージャーがドラッカーの「マネジメント」を読んだら』の略称）の爆発的なヒットで、ピーター・ドラッカーの本が、再び、書店でブームになっています。したがって、彼の最も有名な言葉「企業の目的は顧客創造である」が、このところ、かなりの人々に知られることになりました。私は幸いにも、この言葉を四五年前に知ることができました。

一九六六（昭和四一）年の二月、当時、日経の富山県担当員として月の半分は同県に出張していた私は、仕事を終えて旅館に入ると、夕食後はいつも読書をしていました。

雪が降る寒い夜、私はコタツに入って、ドラッカーの『現代の経営（上）』（ダイヤモンド社・昭和四〇年一〇月初版・四七頁）を読んでいましたが、次の文章を読んだとき、私はしばらく呆然としたことを今も覚えています。

「事業とは何か、という質問に答えるためには、われわれはまず、事業の目的を考察する必要がある。事業が社会の一機関である以上、事業の目的は事業それ自身にあるのではなく、事業をその機関とする社会の中になければならない。かくして事業の目的について正

しい定義はただ一つしかない。それは顧客の創造である」

それまでの私は「企業の目的は利益を上げること」と考え、そのための販売力（売り込むための力）を高める施策を、対消費者と対販売店の両面から行っていました。つまり、生産された商品を市場に売り込むという前提で、販売の仕事をとらえていたのです。

しかしドラッカーは、顧客のニーズを満足させるための商品を提供するか、あるいはニーズを生み出すような商品を開発する行為を通して、商品が自然に売れるようにすることで、顧客を創造していくことが企業の目的であるとしているのです。これは、最初に利益があるのではなく、顧客を創造した結果、そこから利益がもたらされると解釈できると思います。

このドラッカーの定義は、私に大きなカルチャーショックを与えました。でもそれは私だけではなく、当時のアメリカでも話題になったようです。

ドラッカーは二〇〇五年一一月一一日に亡くなりましたが、その年の二月、彼は日経の「私の履歴書」欄で、生涯の回顧録を一ヵ月にわたって書き残しています。その二三回目の「GEでの思い出」のタイトルの下では、彼がゼネラル・モーターズ（GE）でコンサルタントをしていたときのことを次のように綴っています。

「GEではほかにも発見があった。『事業の目的』という本質的問題である。

これについては、かつて講義を聴いたジョン・メイナード・ケインズも含め経済学者はだれも答えてくれていない。私はスミディ（GE副社長・筆者注）と一緒に働く中で、技術ではなく顧客によって事業を再定義し、それに従って分権化を進めるべきだとの結論に達した。

私の言葉の中で最も知られているものに『事業の目的とは顧客を創り出すこと』がある。一般的な『事業の目的とは利益を生み出すこと』は見当違いだと断じたわけだ。これを新鮮に思ったスミディは、GEでまとめた報告書などを土台にして本を出版するように強く勧めたのだった。

一九五四年、GEなどのコンサルタントを手がけた経験を基にして『現代の経営』を出版した。三〇冊以上に上る私の著作の中でも金字塔に位置付けられているものだ。正確ではないが、この本によって『マネジメント（経営）が発明された』と言われるようになる」

このドラッカー自身の回顧録にもあるように、「事業の目的は顧客創造」という定義は、アメリカでも新しい解釈だったのです。私がショックを受けるのは当然のことでした。

しかし、このショックを受けたことで、私はドラッカーの提唱する経営学を本気で学ぶ気になりました。以来、私はドラッカーのほとんどの本に接し、彼の経営哲学を吸収してきたつもりです。

そして顧客創造にはマーケティングとイノベーションの二つの機能を充実することが大切だと知りました。このことを、一番小さな企業である個業にも当てはめるとどうなるか、私なりに考えるようになりました。個業の原点がここにあると考えたからです。

個業が成り立つためには、個業の提供する商品（サービスも含む）が顧客のニーズに応えるものであるか、あるいは、顧客のニーズを掘り起こす商品を提供することが、第一に求められる条件である、と考えるべきなのです。

さらに顧客のニーズは変化していくことから、それに対応できるように、個業主は市場に適応した商品改良なり、新たな商品開発を、絶えず行っていくことが求められます。

そのためには、マーケティングとイノベーションの機能を常に向上させていかなくてはなりません。個業主が日々勉強をしながら、自己革新を続けていくことが運命づけられているのはそのためであるとも言えるのです。

ところが、**個業主は顧客創造が軌道に乗り、自立を支えるマーケットが形成され、利益が確保できるようになると、つい油断してしまい、自己革新を怠り、家族を含む個人的な生活の充実に力が傾く傾向があります。**

そうなれば、個業を支えていた顧客のニーズの変化に対応できなくなり、次第に顧客創造力の減退につながっていくことになります。

事業を起こしても一〇年以内に八〇％の企業が倒産・廃業していくことを考えると、事業主にとって自己革新を続けていくことがいかに厳しいかがわかります。

特に、個業主を積極的に支援してくれる影響力のある良いお客様であるロイヤルカストマー（＝「良客」と私は称しています）を数多く確保するには、よほどの覚悟が求められます。

では、どうすべきか、そのことを次に述べていきます。

◆良客創造を持続する大前提は自己犠牲であると覚悟しよう

サラリーマンが個業主になって最も心しなければならないのは、「絶えざる自己革新」を続けていくことの厳しさです。

サラリーマンは、余暇の時間を趣味に投入したり、家庭サービスのために使うのは当然と考えています。

ところが、そのサラリーマンの思考の習性を個業主になっても保持していると、競争相手の良客創造力に負ける原因を作っていくことになるのです。このことを、ここで真剣に受け止めておく必要があります。

個業を含めて事業主は、あらゆる場面で顧客のニーズに応えることを最優先しなければなりません。事業主個人の事情を優先することは許されないと覚悟すべきです。それこそ年中無休で顧客のニーズに対応することが絶対条件となるのです。

となれば、自己革新を続けながら良客創造力を養い、それを維持していくためには、事業主は常に自己犠牲を強いられるということになります。

個業主は「お客様、何かございましたら、いつでもご用命ください」という姿勢を保つことが求められますが、それを実行するためには、**自分の欲求を抑えて、自己犠牲の生活を甘受しなければなりません。**

良客創造を続ける運命を背負った個業主には、精神的にも時間的にも厳しい生活が待っているのです。**その厳しさを自覚し、それを覚悟することが良客創造の原点であり、またそれが個業主の生活の原点でもあるのです。**

そこで次のことを知っておいてほしいと思います。

二〇一一年（平成二三年）三月号の月刊誌『致知』には、クレディセゾン社長林野《りんの》宏氏とサンリ会長西田文郎《ふみお》氏が、「運とツキは、こうして摑め」のテーマで対談している記事が掲載されています。

西田　成功には必ず自己犠牲が伴いますから、それを自ら進んで行っていれば、脳は自然にツイている状態になる。

林野　犠牲を払っている自分に対して自信を持つわけですね。

西田　本当はやりたくないんだけど、仕方がない……という消極的自己犠牲は、周囲にはわかりますから、ツキの女神は微笑まない。まあ、それでもスポーツやビジネスはいいんですよ。困るのは自分ですから。しかし、消極的自己犠牲で一番困るのは育児なんですね。母親の愛は積極的自己犠牲の究極です。何の見返りも求めない。自分の命を差し出してでも子供の命を救いたいと。しかし、いま若い母親が消極的自己犠牲で育児をしている。育児ノイローゼになったり、子供を殺してしまうという事件が後を絶ちません。

日本人全体が仕事にも恋愛にも育児にも、のめり込む能力が低くなって、積極的自己犠牲をできる人が少なくなっているように感じますね。

林野　国も企業も家庭も、甘やかすことに原因があるのではないでしょうか。つまり、誰かを頼るという姿勢で生きていたら、絶対に運やツキなんて呼び込めないということですよ。

西田　積極的自己犠牲というのは、結局は自分との約束を守るということなんですね。そして、成功する人は、間違いなく自分との約束を守り通していますㄧ」

これまで多くの個業主を観察してきた私は、このお二方のお話に、「そのとおり！」と強く共感しました。

個業主で成功している人は、顧客のニーズに一〇〇％応えようと、自己犠牲を当然とし、自己革新を図りながら年中無休・二四時間体制で顧客に対応しているのが普通です。

私は三二年前の独立当初から、講演でも著作でも、「個業主には、労働基準法が適用されないという素晴らしい特典が付与されているのだから、この特典をフルに活用すべきです。すなわち、病院と同じようにホスピタリティの精神（＝年中無休・二四時間サービス精神）を、せめてお客様に対しては発揮すべきです」と訴え続けてきました。

そして私自身、そういう精神を抱いている証拠として、「年中無休・二四時間受付」という一行を印刷している私の名刺を、講演の中で参加者のみなさんに見てもらっています。

この私の提言に、自己犠牲をいとわない個業主は、それこそ飛びついてくれ、さっそく私と同じような名刺を作り、顧客のニーズに応えています。そういう個業主が今では全国に大勢いますが、そういう人は事業を繁栄させています。

そこで、最近では、サラリーマンから個業主になることを相談にされた場合は、「最初の一〇年間は、年中無休・二四時間サービス精神で仕事一筋に打ち込んでください。それができなければ、個業主になることは断念したほうがいいですよ」と忠告することにしています。

この私の忠告を素直に受け止めて、自己犠牲を当然のこととして個業に踏み込んだ人は、その後、良客を増やしながら、事業を継続できています。

一方、私に反発して自分中心の姿勢を固持している人は、いつの間にか廃業しています。良客は厳しい目で個業主の仕事ぶりを見ていることが、このことからもよくわかります。

◆第四章◆

良客創造力はどうしたら身につけられるのか

◆個業の存続は多くの顧客の支持が得られてこそ成り立つ

ドラッカーが「企業の目的は顧客創造である」と言ってから、半世紀が過ぎました。その間、どれだけの人がこの言葉を自分の日々の活動の指針にしてきたのでしょうか。

おそらく、サラリーマンの間では、頭では理解できていても、自分の行動の基本にすえている人は少ないと思います。なぜなら、自分の給与やボーナスはお客様からいただいているという認識はなく、あくまで会社から支給されるものと受け止めているからです。

意外にも、サラリーマンは良客の存在や良客のニーズに強い関心を寄せてはいないことを、私はこれまでのいろいろな経験から知らされました。サラリーマンの最大の関心はあくまで自分（家族を含む）であって、良客ではなのです。

ですから、私が講演で良客創造の大切さ、良客第一の仕事観を訴えても、最近の自己中心主義の強いサラリーマンの人ほど関心は低く、反応も鈍いのが実態です。

ところが、個業主やその家族は違います。良客の存在に非常に敏感です。その違いを実感した二つの美容専門学校での講演がありました。

A美容専門学校の学生を対象に講演したときのことです。ここの学生のほとんどはサラリーマン家庭の子弟でした。そこで、サラリーマンと個業主の違いを説明し、将来、みなさんは個業主になる人も多いはずだから、良客創造には自己犠牲が求められることを知っておいてほしいと、わかりやすく丁寧に話しました。

ところが、講演後のアンケートでは、自己犠牲を強いられるような生活はしたくない、美容師は技術を磨けばそれでいいはずで、将来は個業主になるつもりはないので良客創造は私には関係ない、といったサラリーマン的な意見が圧倒的に多く、私の提言に反発する感想が書かれていました。

一方、同じ時期に、B美容専門学校でも同じ趣旨の講演をしました。ただし、ここの学生の家庭は、すでに親が美容院を経営している家庭の子弟が大半でした。その結果のアンケートは、A校とは全く反対で、「親が普段言っているとおりで、良客を作る厳しさを自覚できた」とか、「親の苦労がよくわかった。今日の話を親にも伝えて、今後の生き方を共に語り合いたい」といった内容で、私の講演を肯定的に受け止める感想が多かったのです。

この二つの学校の学生の反応から、サラリーマンやその子弟が、将来、個業主になるとしても、その時に直面する諸問題を克服することの困難さを感じました。

こうした状況を解決していくには、学校や企業内研修で、これからの日本ではサラリーマンから個業主になる運命が待っているのだから、そのための準備をしっかりしていこうと、指導していくべきではないでしょうか。

しかし、学校や企業に期待するには時間がかかります。だからこそ、サラリーマン自身や、学生自身が、できるだけ早い時期から個業主に関心を寄せ、個業の研究をしておくことが大切なのです。

私が企業内研修を引き受けたときは、まず、サラリーマンから個業主になるという人生観を抱くことの必要性を説くことにしています。

その際に、必ず引用する言葉があります。「一引、二運、三力」です。この言葉は、人生で大切な事柄に優先順位をつけたものです。

私たちが生きていくうえで、最重要なものは「引き」（＝引っ張ってもらう、紹介してもらう）であるということです。つまり、自分や自分の商品を支持してくれる良客層（自分を支えてくれる強烈なファン）を作ることが、まず、第一に大事なことであるという意味です。

この重要性が認識できると、以後の仕事の仕方が変わってきます。「どうしたら私は人様からご支持をいただけるか」という視点で自分自身をチェックするようになるからです。

サラリーマンの多くは、能力とは専門力であるととらえています。もちろん、生きてい

くうえで専門力が欠かせないことは言うまでもありません。しかしその前に、自分を支持してくれる人の存在がなければ、専門力は生かせないことを理解しておくことです。

こんなことは、それこそ当たり前のことですが、その当たり前のことを軽視している人がサラリーマンには多いのです。その最大の要因は、サラリーマンは企業に属しているために、良客創造の必要性を実感することが、個業主に比べると非常に少ないからです。

個業主の場合は、良客からの支持がなければ収入を得られなくなることから、良客の創造とその維持がいかに大切かを痛切に感じています。

特に、昨今のようにデフレ不況でモノが売れなくなればなるほど、良客の存在の重みをイヤというほど思い知らされます。

私はサラリーマンから独立の相談があったときは、「今年の年賀状、何枚出しましたか？」と訊くことにしています。三〇〇枚以下の場合は、「独立は時期尚早ですね。三〇〇枚以上出せるようになってからになさってはいかがですか」と言うことにしています。

人縁・人脈・ネットワークの数の象徴である年賀状があまりにも少ないことは、良客創造力がまだ十分でないことをわかってほしいからです。

独立する前に、少なくとも三〇〇人ぐらいの人とのご縁がなくては、スタートしても事

業の継続は厳しく、危険性が高いと言えるでしょう。
では、どうしたら顧客創造ができるのかを、次に述べていきたと思います。

◆良客創造ができている個業主の生活習慣に学ぶ

個業主が良客を創造しつつ、それを維持していくには、具体的にどういう生活をしていけばいいのでしょうか。その解答は、何百年と良客を創造し維持してきた老舗に学ぶことであると第一章で述べました。

栄えている多くの個業主が、密かに老舗を研究している理由はそのことにあるのです。

そこで第一章を踏まえながら、良客創造の方法を再確認しておきましょう。

良客が個業主から商品(サービスを含む)を購入する場合は、この人に注文してもいいかどうかを観察し、いいと納得したときに、購入の決断をするものです。

その**観察のポイントは、大きく分けて二つあります。一つは、個業主の人となりです。二つ目は、商品の特性です。**

まず、**一つ目の個業主の人となりについてです。**

一般に、私たちが人を見る場合は、普段、その人がどんな生活習慣を身につけているかを無意識に見ながら判断しています。個業主を判断するときも、そのことは全く同じです。個業主の普段の習慣が良ければ、世間はあの人なら間違いないと信頼し、その人の扱う商品を求める行動に素直に踏み切ります。

では、普段のどんな習慣が世間の目に触れ、その人となりが見抜かれるのでしょうか。そのことを明確に指摘してくれているのが、多くの老舗の経営者が信奉している哲学者・故森信三氏の「人生再建の三原則」、すなわち「礼を正し、場を清め、時を守る」です。

第一の「礼を正し」とは、礼儀（＝人間関係や社会生活の秩序を維持するために人が守るべき行動様式）をきちんと実践することを意味しています。

日々の対人関係で感じのいい声で挨拶・返事をすることは、人間生活の基本中の基本ですが、この基本が身についていない日本人が、このところ多くなっています。

そのことに関して、私のような戦前生まれの人間には信じられない現象が、巷にあふれています。何かの弾みで人と接触したときは、「すみません」「ごめんなさい」「失礼しました」といった言葉を発するのが旧来から日本人の礼儀となっているはずですが、このところ、ぶつかっても黙って行く人が何と多くなっていることでしょうか。

海外では、そういう場合、「excuse me」（米）、「sorry」（英）と言うのが常識であり、実際にそういう習慣が普通の人々の間でしっかり定着しています。

ところが、欧米に行く日本人で、そうした常識的な礼儀作法ができない人が増えてきているることから、欧米人の間で、最近の日本人に対する評価が下がっているようです。

つまり、挨拶・返事のできない人は、世界的にダメな人間と見なされるのです。そんな人は、たとえ何かのビジネスで一時的にはうまくいったとしても、そのうち世間から見放されることになります。

昨今はメールの普及で、個人間の交信も手軽にできるようになりました。それは大変いいことですが、メールのやりとりでも礼儀があるはずです。私は講演・執筆を業としているることから、いろいろな質問のメールが送信されてきます。そうしたメールに私は必ず返事を出します。ケースによっては、かなりの長文になる場合もあります。

ところが、その私の返事の便りに「ありがとうございました」の意味のメールが帰ってくるのは全体の二〇％ぐらいです。残りの八〇％の人は私からの返事があるのは当然と思うのでしょうか、お礼・感謝の意を表するメールの必要性を全く感じていないのでしょうか、何の返信もありません。つまり、相手の行為に対する思いやりの気持ちがないのです。

そういう人が最近は実に多くなっていると思います。

この状態は今の日本の現状を示していると言えます。きちんと挨拶・返事のできる人は二〇％程度です。そういう礼儀作法の習慣が身についている人は、普段も、人様に感謝する気持ちを行為に表わすことを忘れず、日頃、神仏へのお祈り、親孝行もできています。

そうした行為の積み重ねが、自然に良客創造にもつながっていくのです。


第二の「場を清め」とは、身の回りを整理、整頓、清掃、清潔に保つ習慣を身につけることです。この身辺をきれいにしておくという習慣は、常に「気づき」の力を磨いていくことにもつながっていきます。

良客は、相手がよく気づく人を好きになるものです。良客の期待を察して、その期待以上のことをしてくれる人を、良客は手放さないものです。ですから、いつも場を清めることを心がけている人は、次第に良客を増やしていけるのです。

その証拠に、トップから一般従業員まで、職場の内外の清掃を心がけている会社・団体は、同業他社と比較して、良客の評判がよく、事業も繁栄しているものです。

某ＪＡ（農協）は、組合長から職員まで、毎朝、始業時刻三〇分前に出勤し、全員でトイレ掃除から職場の内外を掃除しています。その行為が職員の気づきを高め、感じのいい職場環境を維持しており、そのことが、非組合員の人たちからの支持も集め、どの分野の組合事業も好業績を保っています。

このような事例を接するにつけ、場を清めることが良客創造にとっていかに大切なことであるかを感じさせられます。

第三の「時を守る」は、日々、時間を守ることを心がけることを意味しています。私たちは仕事を遂行していくうえで、必ず約束の日時を設定します。「○月○日○時にまでにお届けします」といった日時を決めてこそ、仕事は成り立つものです。

この約束の期限は最低のラインです。その約束の日時よりも早めに仕上げることが、良客が期待以上の仕事をする第一条件です。

ところが、この条件を全うできない人が多いのです。ですから事前の打ち合わせどおりに、きちんと仕事をやり遂げる人に出会えるとホッとするものです。そういう人は、当然、良客の信頼を得られることから、独立しても成功できる可能性が高いのです。

サラリーマンから個業を立ち上げ、成功者になっている人は、例外なく時を守る習慣が身についています。

したがって、独立を考える場合、自分は約束をきちんと守り、あるいは約束以上の仕事をしてきた人間であるかどうかをよく自省してみることです。

老舗の人たちが、毎朝、早起きを励行し、仕事を早めに始めて、約束している条件以上で仕事を仕上げ、しかも正直に事を行う習慣を死守しているのはなぜなのか、その答えがここにあります。

◆良客創造のためにオンリーワンの商品特性を確立し続けるには

次に、二つ目の商品の特性についてです。

良客創造するには、個業主として、良客が求める人となりを磨くと同時に、扱う商品（サービスも含む）の特性を磨き、オンリーワンの存在にまで高めることが必要です。

製造業の場合は、技術的にオンリーワンの商品であることは競合他社の製品と比べればすぐにわかります。

サービス業の場合は、顧客に対するサービスの差別化は難しいと言われていますが、私はそうは思いません。販売業務で成り立つ業種を見ていれば、良客が好感を抱く人や店がすぐ見分けられるものです。

感じのいいサービスを行っているところは、特別なことをやっているのではなく、当たり前のことを当たり前にきちんとやり続けているだけのことです。それが良客には一番嬉しいことなのです。

私は新聞社勤務時代に、新聞販売店に対するデーラーヘルプ（販売援助活動）の仕事に一〇年携わったことから、良客（固定読者）から感じよく思われ、販売業績もいい店はどんな店かを知っています。

そのポイントは三つです。一つは、朝夕の配達時刻が正確であること、二つ目は、従業員の服装、言葉遣い、接客態度がきちんとしていること、三つ目は、店がいつも清掃され、店の前の配達用の自転車やオートバイの掃除が行き届き、整列して並べられていること、です。

ところが、こうした当たり前のことをきちんと実行しているところは、意外に少ないのです。その最大の要因は、当たり前のことを軽視している人が多くなっていることにあります。

だからこそ、当たり前のことをきちんと継続実行することが、オンリーワンの存在価値を確立することになるのです。

そのことは、製造業の場合にも当てはまります。その事例を日本電産で見てみましょう。

日本電産の創業者であり、今も社長である永守重信氏は、一九七三年（昭和四八年）、仲間三人とともに、精密小型モータ製造のベンチャー起業を立ち上げました。以来、世界一を目指して独自の技術を開発し、「世界初」「世界最小」のオンリーワンの製品を次々と世に問い、今や、グループ会社一四〇社、社員総数一〇万人、売上六八八五億円（二〇一一年三月期）の大企業に成長、精密小型モータを軸に、ＨＤＤ（ハードディスク駆動装置）では世界の七五％のシェアを占めるまでのメーカーになっています。この大躍進の土台になったのは、永守氏の当たり前のことをきちんと実行するという信念でした。

氏はこれまで三〇件以上のＭ＆Ａ（企業合併・買収）を行ってきましたが、吸収した企業に乗り込み、最初に行うことは、早出勤と社内の整理、整頓、清掃、清潔の徹底です。つまり、当たり前のことを当たり前に実行するという社風の確立です。これができると会社の再建が可能であることは、氏のこれまでの業績が証明しています。

氏は著書『情熱・熱意・執念の経営』（ＰＨＰ研究所・六三頁）で、こう述べています。「わが社では、一九七五年ごろから新入社員は一年間トイレ掃除をするという習慣ができあがりました。しかも、ブラシやモップなどの用具は一切使わず、すべて素手でやることになっています。

便器についた汚れを素手で洗い落とし、ピカピカに磨き上げる作業を一年間続けると、トイレを汚す者はいなくなります。

これが身につくと、放っておいても工場や事務所の整理整頓が行き届くようになってきます。これが『品質管理の基本』であり、徐々に見えるところだけでなく見えないところにも心配りができるようになれば本物です」

新製品開発にしろ、良客サービスの向上にしろ、その原点は「気づき」です。世の中のニーズに気づくとか、そのニーズを先取りするという行為はすべて気づきから始まります。

「気働き」という言葉があります。相手や周囲のニーズを察し、先回りしてそのニーズを満たす気づきの能力のことですが、この気働きが良客創造につながることを、二〇一〇（平成二二）年一二月一三日号『プレジデント』誌は特集「『気働き』の研究」で詳しく報じています。

例えば、年収一五〇〇万円の人と年収六〇〇万円の人との比較で、商談の場合も、対上司・部下との対応でも、すべて年収一五〇〇万円の人のほうが、どの場合も気働きがよくできていることが数字で示されています。

それも、特別なことをしているのではなく、当たり前のことを当たり前に、マメに実行しているだけなのです。

気働きができる気づきの能力は、他人の間で苦労した人ほど身についています。ですから、高校卒業時に実家を出て、自分で自立の生活を送った人のほうが、よく気づき、気働きもよくできるものです。

私自身も高校卒業後、東京に出て、一人の生活を長く経験したおかげで、多くの失敗を重ねながら、気づきの能力を少しずつ身につけていくことができたと思っています。

その点、大学を出てもパラサイトシングル（独身で親元に居候して生活している人）の若者が増えている現状は問題がありそうです。

パソコンが普及し、自宅で仕事ができる環境になりつつある今日の状況は、良客創造の面ではひと工夫が必要です。そのためにはどうしたらいいのか、そのことを次に考えていきます。

◆即時対応の生き方を心がけよう

前節で紹介した日本電産では、「すぐやる、必ずやる、できるまでやる」が社員の合言葉になっています。

人間関係のうえで、この「すぐやる」ことを心がけている人は、人々の厚い信頼を得ています。ですから、人と約束したことは、すぐ実行して、その約束をきちんと守る習慣を身につけておくのが、良き人間関係を構築していくうえで、とても大事なことです。

特にビジネスでは、頼んだことをすぐやり、しかも完璧にできる人は、「即時対応力」

の優れた人として、周囲から信頼され、尊敬され、将来を期待されるようになります。
ビジネス界は、今や、世界との競争の時代に入りました。競争の決め手はスピードです。かつて日本が高度成長を成し遂げていったころは、このスピードで世界を圧倒していました。

高度成長のおかげで、日本人が豊かになり、経済的にゆとりのある生活をするようになりました。その結果、日本人の生活の中で「平等」とか「合意」といった価値観がウエイトを占めてきたために、スピード力がやや鈍くなり、このところ、世界とのビジネス競争で、日本が負ける場面が次々と生じています。

その点、日本の高度成長に学んだお隣の韓国はスピード力が強くなり、ビジネス上で日本の強敵になりつつあります。

これからはますます即時対応の競争が激しくなることを考えると、日本人はかつてのスピードを武器に経済戦争に勝ち抜いたことを思い出し、もう一度、生活全般でスピードのある処理の仕方を身につけ直すことが必要です。

では、具体的にはどうしたらいいのでしょうか。それを考える場合、即時対応ができないために、いつも関係者に迷惑をかけている、いわゆる愚図《ぐず》な人を観察してみることです。

愚図な人、即時対応のできない人には、共通した弱点が三つあります。

第一は、仕事の取りかかりが遅いこと、いつもすぐには仕事モードに入れない人です。

この欠点を正すためには、早めの出勤を心がけることです。朝、職場に一番に出勤すると、なぜかやる気が出てくるものです。時間と心の余裕が持てると、人間は自然にモチベーションが上がるのです。

ですから、セルフモチベーションの第一歩は早起きなのです。早く起きて、早く出勤する習慣を確立すれば、愚図の習慣を取り除くことができるようになります。

自民党政権の末期に、文部科学省は全国に「早寝、早起き、朝ご飯」国民運動を展開し、その効果が出て、生徒たちのやる気が向上してきたとの報告が各地から運動本部に寄せられるようになりました。

ところが民主党政権になってから、日教組の反対で、この運動が下火になってきたといわれています。もしそうならば、日教組は、日本の国際競争力を削ぐ方針をとっていることになります。こういう事態が続けば、日本が次第にダメな国になる恐れがあります。

愚図な人の第二の弱点は、物事の処理に優先順位をつけることができないことです。

すべて物事を処理する場合、一度に全部を行うことはできません。そうであれば、その処理に優先順位をつけ、それに沿って行うのが常識です。

したがって、仕事のよくできる人には、夜寝る前に、翌日やらなくてはならない仕事に優先順位をつけてから床に入る習慣があります。ですから、朝起きると同時に、てきぱきとした行動がとれるのです。

また、この優先順位をつけることによって、順位の低い仕事は、その日できなければ翌日に繰り越すことを良しとする意識を育てます。あるいは、自分で直接手を下さなくても、人にやってもらっていいものは、人に任せるという仕事の仕方も身につきます。

ところが愚図な人は、こうした対応ができないために、緊急な仕事や大事な仕事を手早く処理できないどころか、自分にとってやりやすい仕事、やってもやらなくてもいいような仕事、あるいは人に任せてもいいような仕事をしがちです。

そんなことをしているから関係者に迷惑をかける結果を生ずることになるのです。

こうした弊害をなくすには、毎晩、翌日やらなくてはならないことをメモに書き出し、それに優先順位をつける習慣を確立することが絶対に必要です。それを実行すれば、次第に仕事に重みづけができるようになり、大事な仕事を優先し集中的に処理できる能力が備わっていきます。それが結果的に、できる人に変身していくのです。

愚図な人の第三の弱点は、仕事上の報告、連絡、相談が遅いか、しないことです。

仕事は、契約先の会社の人、職場の上司・同僚・後輩などの仲間の人との連携で進めていくものです。したがって、お互いが仕事の進捗状況を把握しておく必要があります。そして場合によっては、周囲から手助けをしてもらう局面も生じるかもしれません。

ところが、愚図な人は、仕事を全部自分で抱えてしまい、途中の経過報告もしない傾向があるため、周りの人は、それが今どうなっているのかを把握できないものです。これではチームでやるべき仕事が頓挫することになります。

報告、連絡、相談のことを「ホウ、レン、ソウ」と略称しています。したがって、愚図な人には、この言葉を念仏のようにいつも口にしながら、関係者に対しそれこそホウレンソウをしていくことを自分に義務づけ、習慣づける必要があります。

そうすれば、問題を未然に防ぐこともできますし、関係者も進捗状況がわかることで、周囲への対応もしやすくなります。

◆第五章◆

相手の話を傾聴する習慣を磨き、良客創造の機会を増やそう

◆人はみんな自分の存在を認め、評価する人物を求めている

「良客」と称するロイヤルカストマーになる可能性のある人たちは、ビジネスでの成功者であり、経済力はもちろんのこと、社会的地位もあり、人を動かす指導力もある人たちです。周りへの影響力も群を抜いている人たちと言えるでしょう。

こうした人を顧客に数多く擁することができれば、その人たちからの「引き」により、次々と紹介を得ることができ、ビジネスチャンスが増えていくことになります。

ですから、**ビジネスで成功していく人は、普段から良き人間関係を築くために努力を怠りません。その努力の一つに『人を動かす』を読むことも含まれていると思います。**

日本で売られている翻訳書の中で常にロングセラーと称されている本があります。デール・カーネギーの『人を動かす』（創元社）です。一九五八年（昭和三三年）の発売以来、主な書店には必ずと言っていいほど、この本が常備されている不思議な本です。

この本がどうして売れ続けているのか、その秘密は、著者であるデール・カーネギーが良き人間関係を構築していく方法を、具体的なケースを交えながら、平易に懇切丁寧に書

きつくしているからです。

私たちは日々、新しいネットワークの形成に腐心しています。その方法が、この本にはいくつも提示されています。したがって、この本で自分なりのネットワークを構築し、人生を開いていった人は、日本国中に数え切れないほど存在しています。もちろん私もそのうちの一人です。

そうした人たちの紹介で、この本はロングセラーの地位を保ち続けているのです。『人を動かす』の原題は「How to Win Friends and Influence People（どのようにして友達を作り、人々を動かすか）」となっており、つまりは、人との関係を良くして、自分の力が発揮できるマーケットをいかに広げていくかの方法が説かれています。

ここで述べられている内容は、カーネギーが講習会の教材のために作った人間関係を良くする方法を印刷したパンフレットの一五年分が盛り込まれています。つまり講習会の受講者が実践して効果があったものが集大成され、体系的に編集されているのです。

それだけに、読んだことを実行すれば、確実に人間関係能力が高まり、その輪が大きくなっていくことを実感できます。だからこそ、この本は一九三六年にアメリカで発刊されてから、今日まで世界で一五〇〇万部、日本でも四五〇万部も売れ、今もなお売れ続けているのです。

この本のエキスは、「人間関係においては、相手の存在を無視せず、相手の重要感を満足させることに徹せよ」という相手の心理に応じた行動をとれ、と訴えていることです。言い換えれば、相手を思いやる態度を持ち続けることを説いているのです。

「相手を思いやる」ことは、古今東西に通じる人生における最重要な鉄則と言われています。そのことを欧米では「黄金律」（ゴールデンルール）と言っていますが、この言葉の出典は、新約聖書マタイ伝七章一二節「人にしてもらいたいことは、何事も、あなたがたも人にそのようにしなさい」であるとされています。

このことは、論語では「己の欲せざる所は人に施《ほどこ》すことなかれ」（衛霊公篇一五―二四）に当たり、ユダヤ教では「あなたにとって好ましくないことを、あなたの隣人に対してするな」（ヒルレルの言葉）に当たり、イスラム教では「自分が人から危害を受けたくなければ、誰にも危害を加えないことである」（ムハンマド遺言）に当たり、ヒンズー教では「人が他人からしてもらいたくないと思ういかなることも、他人にしてはならない」（マハーバーラタ五―一五―一七）に当たるとされています。これらはすべて相手を思いやることが最高の道徳律であることを示しており、論語ではこのことを「恕《じょ》」という一字で表わしてもいます。

こうした相手を思いやる気持ちを重視し、それを実行している人に、世間はチャンスを与えるのです。ところが、この最も大切な行為を、戦後の日本では家庭でも学校でも習慣づけすることをしなくなりました。

そのために、相手中心（利他主義）よりも自分中心（利己主義）を優先する風潮が世の中に蔓延し、今日の我儘な人が多い日本になってしまいました。

戦後の教育で育った今の団塊の世代以後の日本人は、自己主張の行動はできますが、相手を思いやる行動、自己犠牲をいとわぬ行動をとることが苦手であり、またそうする必要性を感じなくなっています。

その傾向は人と人との対話の中にも表れています。人々の対話を観察してみればわかるのですが、多くの人が自分中心の話に終始し、相手の話に心から耳を傾けることができなくなっています。そういう対話法では良き人間関係を構築していくことはできません。

良客となる人は、人間関係を構築することに優れた人ですから、自分中心の行動しかできない人を評価しません。逆に、良客の存在を高く評価し、称賛し、尊敬する人を、「この人は私が付き合ってもいい人」として認めていくのです。

この良客の心理を決して忘れないことです。個業主は良客に恵まれなければ、仕事を順調に運ぶことはできません。このことは永遠に変わらぬ真理です。ですから、成功している個業主は、良客との関係において、正しい対話法則を駆使することをいつも心がけているのです。

◆相手の話を傾聴する習慣を身につけてよう

相手と人間関係を保つには言葉という手段が必要です。したがって、言葉の使い方を磨くことによって、良客と良好な関係を築くことができるようになります。しかし、**言葉の活用について、普段の私たちは、あまり心配《こころくば》りをすることなく、無造作に使っています。それでは良客とのネットワークを広げていくことは無理というものです。**

そこで言葉の使い方について、ここで、そのポイントをおさえておきましょう。

言葉は大きく括って二つに分類できます。一つは、話す・聞く・書く・読むという場面で使うもの、二つは、表情・動作・姿勢・躾・作法などの身体で表現するものです。

私は後者の言葉を「体語」と称していますが、この体語を重要視することが対話では非常に大切です。この体語を重視する価値観を持っている人は、良き人間関係を維持・拡大していくことができます。そこでまず、体語について考えていくことにします。

よく「話し三分に、聞き七分」と言いますが、これは対話においては、相手の話を聞くことに七〇％のウエイトを置き、自分が話すことには三〇％のウエイトに留めておくとよい、という己への戒めの諺です。

このウエイト配分ができる人は、必ず相手に好かれます。話し手は傾聴の姿勢をとっている相手を見ると、「この人は私の立場を尊重し、私を重要視してくれている」と感じ、その人に好感を抱くからです。

話し手は、一対一の対話でも、一対多数の集いでも、自分の話に耳を傾けてくれる人を求めています。

したがって、話し手の気持ちを察して、話し手の話を聞こうと努力していくことが、人間関係を構築していく最も大切な条件です。だからこそ、聞くことに七〇％のウエイトを置く必要があるのです。

このように、聞くことのほうが話すことよりもより重要であるにもかかわらず、聞くことを教える教育を、私たちは長い間受けてきませんでした。

そのことについて、私は一九八三（昭和五八）年に著した拙著『積極的に生きる』（ぱるす出版・二〇四頁）で次のように書いています。

「米国ステファン大学のバード博士の研究によると、読み・書き・話す・聞くことについての重要度ランクは次のようになっている。

①聞く六三%　②話す二二%　③書く一一%　④読む四%

日常生活において、聞くことが最も大切であるということを、私たちはどれだけ自覚しているであろうか。世の中には、話し方教室や読み書きの研究会はあちこちにある。しかし、聞き方の学習機会は、ほとんどないのである。しかも、この現象は、コミュニケーション教育が発達している米国でも、四〇年前までは同じであった。いま、私の手元に、一九五七年に出版されたマグロウヒル社の『あなた聴いていますか』という本がある。その冒頭で、著者のニコルスは次のように書いている。

『全く信じられないことだが、本書は、人間のコミュニケーションのうち、最も古くから用いられ、かつ最も重要な要素である聞くということについて、詳細な分析を試みた史上最初の書物である』

このことからもわかるとおり、聞くことに大きな関心が寄せられはじめたのは、世界的にも、歴史的にもまだ最近のことである。

特に、日本では、家庭教育でも、学校教育でも聞くことの大切さを指導し、聞き方の訓練を実際に行っているところは少ない。

国語教育とは、昔から、読み・書き・話すことを学ぶ科目とされてきました。したがって、聞くことに時間をさいて学んだ経験のある人は、ほとんどいないはずである。
その結果、社会に出て苦労するのは、対人関係である。いかに相手の話を聞けばいいのか、その方法を知らないために、せっかくの人間関係をつくるチャンスを手にしながら、それをダメにしてしまう人は多い」

この二八年前の私の指摘は、今もあまり変わっていません。むしろ個人主義、利己主義の人が多くなった昨今、人の話を傾聴できない人はもっと増えていると言えます。いつも人を前にして講演をしている私は、そのことを痛感しているのです。

これまで何千回と講演した経験から言えるのは、熱心な聞き手を前にすると、話し手は気持ちが好転し、自然に内容の充実した話ができるようになるということです。つまり、傾聴の能力がある聴き手に出会うと、話し手のドーパミン（快楽ホルモン）が働いて、脳が活性化し、話し手は自分が予定している以上の内容を話すことになるのです。

「話というのは、話し手と聞き手の共同作品である」と言いますが、確かに、いい話は、いい話し手といい聞き手によって作られていくものです。

このことは、一対一の対話でも言えることです。良客は、いい聞き手の個業主を前にすると、個業主にとって思わぬいい情報を話してくれるものです。ですから**聞き上手な個業**

主は、良客から次々と良質の見込み客の紹介をもらい、自分のマーケットの拡大につなげていけるのです。

こうして人間の心理をわきまえ、良き人間関係のネットワークを広げていける人は、かつて両親や教師や仕事上の先輩・上司たちから「人の話は終わりまで真剣に聞く」ことを厳しく教わっているはずです。

幸いに私は、中学時代に、国語の教師からこのことを繰り返し教わることができました。そのおかげで、以後の人生で、傾聴を武器に良好な人間関係を築くことができたと思っています。

では、具体的には、どのように傾聴の姿勢を身につけていけばいいのでしょうか。そのことを、以下に述べていきましょう。

◆傾聴時は「話は目で聞く」姿勢と明るい表情を保つ習慣を

話し手は、自分が話しているときに、自分に開いた目を向けないで、目を閉じていたり、うつむいていたり、そらしていたりしている人を見ると、「この人は私の話を聞こうとしていないな、心の中で反発しているな、否定しているな、無視しているな」と感じるものです。

聞いている本人は、全くそういう気持ちはなく、ちゃんと聞いていても、話し手は聞き手の態度を見て、勝手にそう感じてしまうのです。それほど、**聞き手の態度は、話し手の感情を左右するのです。**

この話し手の心理を察して、人の話を聞く場合は、必ず目を開き相手を見ることです。「話は目で聞く」の言葉は、そのことを言っているのです。これは聞き手が話し手に対して行う最も大切なエチケットでもあります。

私は企業内研修で、新入社員を前に話す機会が多いのですが、その時、私に開いた目を向けないで、下を見たり、よそを見たり、目を閉じていたりしている社員を目にすると、その場で、そのことを注意することにしています。

注意された本人には悪気はなく、ただそういうクセがあるに過ぎないのですが、それを早い段階で直しておかないと、以後の対人関係で支障をきたすことになると思うからです。

最近は、注意する頻度が多いため、最初に「話は目で聞く」ことの重要性を説明し、さらに具体的な聞く姿勢を指導することにしています。その場合、次の二つのことを心がけるようにしてほしいと話しています。

一つは、相手の話を聞くときは、「自分のヘソを相手に向けよ」ということです。

ヘソを相手に向ければ、自動的に自分の黒目が、相手の真正面に位置します。

このことはとても大事なことです。なぜなら、聴き手の黒目を、話し手の正面に向けることで、「私は心を開いて聞いています」というサインを送ることになるからです。

聞き手が下を見たり、よそを見たりして、黒目を相手に向けないでいると、白目が相手に向かうことになります。そういう状態は、話し手に「この人は私の話を聞いていない」と思わせてしまいます。それは話し手の感情を害することになります。

この「黒目、真ん中」の姿勢をいつも心がけるようにしている私は、長椅子に二人で座る場合は、必ず、相手にヘソを向けるように座り直すことにしています。そうすることによって、対話が弾むからです。

このことは、家族との対話にも言えることで、ご主人が、いつも奥様や子供たちにヘソを向けて会話をすると、家族間の話し合いが盛り上がり、雰囲気は和やかになるものです。

二つ目は、相手への目の向け方の要領です。それは「目通り、乳通り、肩通り」の言葉を理解し、実行することです。

欧米人の場合は、アイコンタクトといって、目と目をしっかり見つめ合って話す・聞くことが常識になっており、そうでないと不正・不誠実であると受け止められてしまいます。しかし、日本人同士の場合は、あまり目をじっと見つめないことが尊敬・丁寧さを表すしぐさとされています。

では、目はどこにとどめておけばいいかという範囲が、先の言葉に示されています。「目通り」とは上限は目のライン、「乳通り」とは下限は乳のライン、「肩通り」とは左右は肩のラインということで、この上下左右のラインの内側に目線を定めておけば、相手に好印象を与えることになるということです。ただし、ここで心しておきたいのは、聞く態度では目だけでなく、表情も大切だということです。聞き手が無表情の場合だと、それがまた話し手の心理に影響を与えるのです。

どんな影響を与えるのか、そのことを実験した研究があります。

中央大学研究開発機構と自然科学研究機構生理学研究所が共同で「赤ちゃんの〝笑顔〟と〝怒り顔〟に対する脳反応」の研究を行い、その結果が二〇一〇年九月一七日に発表されました。この研究は、赤ちゃんの脳内でポジティブ表情とネガティブ表情に反応する神経基盤を明らかにした世界で初めてのものです。

つまり、赤ちゃんは、相手が〝笑顔〟のときは、脳の反応がゆっくりと長く続くのに対して、〝怒り顔〟のときは急速に脳反応が低下することがわかったのです。

これは、〝笑顔〟は、人に喜びの情報を伝えるので脳の活動が継続して活動するものの、〝怒り顔〟は、警告や危険を示す情報を伝えます。そうなると、受け手は次の行動を起こす必要があるため、脳の活動が急速に低下していくと考えられるのです。

この実験は、対人関係において、話し手は、聞き手が無表情・きつい表情・不快な表情などのマイナスの表情をしていると、急速にモチベーションが下がっていくことを示唆しています。赤ちゃんでもそうなのですから、大人はもっとそうなると考えておくべきです。ということは、**人の話を聞く場合は、聞き手はいつも相手に目を向けると同時に、明るい表情で接するように心がけるべきなのです。**

対話において、聞き手が無表情でいると、話し手に無意味なストレスを与え、結果的にいい情報を得られなくなるのです。講演を業とする私は、そのことを数多く経験してきました。一つだけ具体例を紹介しておきましょう。

大阪の衣料品専門商社が小売店対象のセミナーを開催し、一日目は業績優秀店対象、二日目は業績不振店対象と、二グループに分けて行いました。それぞれのグループに同じ話をすることになり、講師に私が選ばれました。その時の印象は、今も私の脳裏に焼き付いています。

一日目は、さすが商売繁昌を続けている小売店主の集まりだけに、会場は自信に満ちた顔の人々で埋まり、最初から明るい雰囲気が漂っていました。出席者は私の講演を終始、真剣に聞いてくれました。その光景を目にして、私も数々の業界の繁栄事例を盛り込みながら、店主の皆さんのモチベーションをさらに高める話ができたように思います。

一方、二日目の会場は全くその逆の状態でした。「商社がぜひと言うから来たものの、本当はこんなセミナーなんか出たくなかった」と言わんばかりの暗い表情の人々の群れでした。当然、雰囲気は低調で、真剣に傾聴している人の割合は少なく、私の気持ちもだんだん冷めていきました。それなりに努力したものの、講演の成果はもう一つでした。

この二つのセミナーに同席した主催者の社長は、「聞き上手か聞き下手かで、情報収集に大きな差が生まれることを痛感しました。聞き上手が商売上手につながるのですなぁ」ともらしていました。まったくそのとおりです。

聞くときの表情・姿勢がいかに重要なことか、この事例からもうかがえると思います。

◆傾聴の三動作という振りの効果を有効に活用しよう

前文で、表情・動作・姿勢・躾・作法のように「振り」で表現する言葉を、私は体語と称していると述べました。この体語の重要性、すなわち振りの価値について、日本では家庭でも学校でもほとんど教えていません。それどころか、表情や動作を巧みに使うことを否定する教育が戦前の日本では当たり前でした。

それは江戸時代の道徳観の基本となった『論語』で「巧言令色鮮《すくな》し仁」（＝ことば巧みで表情をとりつくろっている人は、かえって仁の心が欠けている）と説かれていたからです。その人を評価する価値観が、その後もずっと日本人の心にあったからです。

そのために、戦前の日本人は「無表情で、何を考えているのかわからない」と欧米人に思われ、対人関係の面で随分損をしたと言われています。

戦後、日本はアメリカに六年半も占領され、その影響を強く受けたこと、加えてテレビが情報伝達の中心になったことで、日本人の振りは次第に欧米的になっていきました。

かつてテレビで大活躍した竹村健一氏は、ご自分の体験も含めて「人がテレビを見るときの注目度の五五％は表情とか服装に、三八％はしゃべり方とかイントネーションに、七％が話の内容に」とよく語っていました。

これは特定のデータを基にした発言者からの分析だとは思いますが、これを話し手が聞き手の対応を見るときのポイントとして考えてみると、重要な示唆を与えられます。

つまり、**私たちは、普段、人の話を聞くときは、その人の話す内容に力点をおいていま**

すが、実は、話し手のほうは、聞き手の振りを目にしながら、聞き手の人物や理解度を判断しているということなのです。

ですから、聞き上手と言われる人は、聞くときの振りをいつも工夫しているのです。その工夫とは、「傾聴の三動作」と言われている「うなずき・あいづち・驚きの表情」を、相手の話に応じて、適宜に活用することです。

私が「傾聴の三動作」を知ったのは、朝日新聞社時代からインタービューの名手と言われた評論家扇谷《おうぎや》正造《しょうぞう》氏（一九一三年〜一九九二年）の『聞き上手・話し上手』（講談社現代新書・絶版）を読んだときで、独立直後の一九七九年（昭和五四年）の三月でした。

氏は、この本の中で上手な聴き方の手法を三つ紹介しています。「うなずき」「あいづち」「驚きの表情」です。私はこれを「傾聴の三動作」と名付けて、以後の講演や拙著で紹介していき、多くの人に喜んでもらい、今も活用してもらっています。そこで、ここでも以下に再度説明しておきたいと思います。

「うなずき」（頷く・肯く）とは、相手の話に身を乗り出し、首を縦に振りながら積極的・肯定的に聞く動作を言います。

英語ではaccept（＝喜んで積極的に受け取る意、同じ受け取る意味のreceiveは受動的だから、傾聴はあくまでaccept）の姿勢を指します。

うなずきながら、前向きに熱心に聞く人を目にすると、話し手は自分の話に自信を抱き、話すことに意欲を持つようになっていくのです。

「あいづち（相槌）」の本来の意味は、鍛冶場で二人の職人が心を一つにして交互に槌《つち》を打つことです。そのことから、「なるほど」「えぇ、えぇ」「そう、そう」と言いながら、槌を打つように、相手に同意の信号を送り、話に合わせることを「あいづち」というのです。

このあいづちの打ち方がいいと、話し手は話に乗ります。ですから、あいづちのうまい聴き上手な人と対話をするのは楽しいし、話が弾むのです。そのために、夫婦の間、親子の間、兄弟姉妹の間で、よくあいづちが交わされている家庭は、一家の仲が良く、愛情に満ちていると言われるのです。また、そういう家庭で育った子供は、社会に出ても聞き上手になれるので、周囲の人に可愛がられ、生きていくうえで何かと得をするのです。

「驚きの表情」とは、相手の話に驚きや感嘆や称賛の声を発し、大きく表情を変えながら対することを言います。

「へぇー、そんなに!!」「すごーい！」「素晴らしい！」「面白い！」などの言葉を伴いながら聴き手が肯定的に反応してくれると、話し手はもっと話してあげよう、という気持ちになるものです。だからこそ、驚きの表情の上手な人は、話し手から思わぬ情報を聞き出すことができるのです。この「驚きの表情」のことを「ハヒフヘホの表情」とも言います。相手の話に驚きながら、「ハー」「ヒャー」「フォー」「ヘー」「ホー」といった類の声を発するからです。

とにかく、話を全身全霊で聞く姿勢は、話し手の心を動かすのです。そして、話し手が喜んで答えてくれるような話し手自身のこと・得意なことを質問してくれる人がいると、話し手の気分はさらに上向くのです。

相手の話を心から傾聴する心配りと姿勢を身につけることができれば、私たちを支えてくれる良客が次第に増えていくのです。それだけに、「話し三分に聞き七分」の法則を生涯大切にしていきたいものです。

◆第六章◆

良客は肯定語を多用しマメな人を支持することを肝に銘じよう

◆良客は肯定語を多用するマメな人が大好きである

前節では「体語」すなわち振りの重要性について触れました。そこで、この章では、話すこと、書くことで用いる、いわゆる私たちが日々使っている「話し言葉」と「書き言葉」について考えていきます。

この二つの言葉を意識的に磨き続けている人は、間違いなく対人関係がうまくいっており、仕事はもちろん、家庭生活も、人生のすべてが順調に推移しています。ということは、**言葉の活用力を抜きにしては、人生を論ずることはできないというわけです。**

その人の学歴が高くても、仕事の腕前がよくても、言葉の活用が悪い人、下手な人は、客観的に言ってあまりいい人生を送っていないと断言できます。

それはどうしてなのでしょうか。その答えは簡単です。言葉の使い方の悪い人、下手な人には、人がつかないし、寄ってこないからです。

逆に、**学歴がなくても、仕事の能力は普通でも、言葉の活用を磨き続けている人は、世間から多くの支援を得られ、本人が予想もしていないような好運に恵まれていきます。**

では、言葉の活用を磨くとは、どういうことなのでしょうか。それを知るには、どんな言葉を使うことが人間関係をよくし、また、どんな言葉を使えば人に嫌われるのか、その原理原則をわきまえることです。

　言葉には、大きく分けて、「肯定語」と「否定語」があります。「肯定語」とは、物事を前向きに受け止めて、それを表現する言葉です。「否定語」とは、その逆のことになります。私たちは、日常の生活で、この二つの言葉を無意識のうちに使っているのです。その使い方で、他人はその人の人間性を見抜くのです。**「肯定語」を多用する人は、総じて積極的で明るい性格の持ち主です。何事にも前向きに取り組む、いわゆるポジティブシンキングのできる人です。**

　日本には、昔から「言霊《ことだま》の幸《さきは》ふ国」（＝言葉の霊力が幸福をもたらす国）という言葉があります。その国とは日本のことを指します。

　かつての日本では、「言霊」のことを「言葉に宿っている不思議な力、発した言葉どおりの結果を表す力」であるとし、日本語にはそうした力があると信じられていたのです。

　ですから、**世間の人々は、肯定語を使えば使うほど、相手も自分も、ともに心が明るくなり、幸せになると受け止め、肯定語を多用する人を好ましく感じてきたのです。**

　肯定語を多用する人は、世の中全体の二〇%ぐらいの人ですが、このタイプは多くの人に好かれています。良客からも支持を受けやすい人です。

一方、「否定語」を多用する人は、物事に対していつも批判的で、多くの場合に非協力的な立場に立つ人です。こういうタイプの人は、やはり二〇％ぐらいの人たちです。

ということは、世間の人たちは、肯定語多用派が二〇％、否定語多用派が二〇％、残りの六〇％は、時に肯定語派であったり、あるいは否定語派であったりするというふうに、その時の情勢に左右される人たちです。

そのような世の中の状況を踏まえたうえで、私たちは今後、意識的に肯定語を使うようにして、何としても肯定語多用派に属するように心がけ、実際に今日から、肯定語多用の人生を送っていきたいものです。

ところが、このように言葉遣いの方向づけを自覚しないで、無意識に言葉を使っている人が多いのです。それは危険なことです。言葉を無意識に使っていると、いつの間にか否定語中心の言葉遣いになる傾向があるからです。

戦後の日本人は、マスコミの影響を受ける度合いが、昔の日本人よりも多くなりました。その理由は、今の私たちは、生きている間、テレビ・新聞・雑誌・インターネットの情報から逃れることができないからです。

そうした媒体から得られる情報は、原則として、珍しいこと、希少価値のあるものです。世間のみんなが知っている当たり前のことは、情報としては上がってこないのです。

珍しい、希少価値のある情報とは、犯罪、不正行為、政治家を含めた著名人に対する厳しい評価などが主であり、私たちのような多くの善良な庶民の情報ではありません。犯罪や不正行為や悪評を報ずる言葉は、当然ながら否定語が主役となります。マスコミが使用する言葉の八〇％以上は、否定語であると言われているほどです。

否定語多用の情報環境の中で生活していると、どうしても否定語の影響を受けやすくなります。今の日本人が使う言葉は、昔に比べて否定語が多くなっている由縁です。

このことを私たちはしっかりと認識し、**マスコミの否定語多用の影響から少しでも逃れるために、意識的に肯定語を多用するように、日々、言葉遣いに注意する必要があります。**そうしないで否定語の多い生活をしていると、良客から敬遠され、せっかくのビジネスチャンスを次々と逃す人になっていくことになります。この重大なことを留意している人は、普段からできるだけ肯定語を多用するようにしているのです。

人生で成功していく人の特性は、①肯定語を多用し、②マメに行動する、であると言われています。

そうであるならば、私たちも普段から肯定語を多用し、それをマメな行動につなげていく努力をしていくべきです。それは、今日から実行できることですから。

では、具体的には、どうすればいいのか、そのことを以下で見ていきましょう。

◆肯定語の王様は〝称賛〟、それを活用することを心がけよう

第五章で、**人との対話では「話し三分に聞き七分」の要領でいくことの大切さを知りました。**ここに、ビジネスの対話時間が三〇分あるとします。その七〇%は約二〇分です。この約二〇分を聴くことに費やすとなれば、話す時間は残りわずか約一〇分ということになります。**この短い時間を効果的に使うには、相手の好む肯定語多用の話し方を心がけることです。**

しかも、**その話し方は、あくまでも相手（＝お客様・あなた様・お宅様）を主役にした話題にするのが大原則です。そうすることで、「私が、私が」の自己主張や自慢話を抑え、あくまでも、相手を尊重し、相手を讃え、相手を立てる、自分はどこまでも謙虚に保つという状況設定ができます。**

「俺が俺がのが（＝我）を抑え、おかげおかげのげ（＝下）で生きよ」の言葉は、この状況設定を言っているのです。ですから、この言葉をいつも口にしながら、「相手を主役」にした話法を心がけていくことが肝要です。

その相手を立てるための肯定語の話法で、相手が最も求めているのは〝称賛〟の言葉です。「人間は称賛を渇望しながら生きている動物である」と心理学者は言いますが、まさにそのとおりです。

人は、どんな場所でも、どんな時でも、自分を褒めてくれること、自分の立場を尊重してくれること、自分の価値を認めてくれることを心底から望んでいます。

その証拠に、自分が心から称賛されたとき、そのことを怒る人は、この世に一人もいないはずです（お世辞で褒められたことがわかったときに怒るのは別です）。

この人間の心理を、対話においては絶対に忘れないことです。

相手を称賛する場合には、具体的な事実を対象にすべきです。抽象的な褒め言葉は、あまり効果はありませんし、あっても効果は持続しないと言われています。

相手の事実を褒めるには、相手のことを前もって知っておくか、知らない場合は、その場で質問し、相手の口から直接聞き出すといいのです。

質問にも要領があります。相手のプライドを傷つけないように配慮することです。では、どんなことを質問すれば、称賛の対象になる事実を聞き出せるのでしょうか。

そのポイントは「きどにたてかけし衣食住」の言葉でよく知られている対話のきっかけにするための次のような話題です。

き〜郷里、ど〜道路、に〜ニュース、た〜旅、て〜天気、か〜家族、け〜健康、し〜仕事

この中でも、私の場合は、①郷里、②健康、③仕事、のどれかに関して質問しながら、称賛の対象を見つけることにしています。

①郷里について。

「お国はどちらですか」と聞くだけで、会話が弾みます。人は自分の郷里に対して、多くの思い出があり、また、お国自慢をしたい話題を持っています。それを聞き出し、その事実を褒めることで、相手は話に乗ってきます。

郷里の名前の由来、地元のお祭り、地元の大学・高校の話題、地元にある企業の活動、などなど、相手が自慢に思っていることがいくらでも出てきます。

それを聞き出すたびに、称賛し、感嘆し、驚くのです。そうすれば、面白いほど話が弾みます。

②「健康」について。

どんな人も健康には強い関心を持ち、自分なりに健康に対して一家言《いっかげん》持っています。また、人によっては何かの得意な健康法を行っている場合もあります。その健康法を聞き出せば、聞き手も参考になりますし、そこから次々と褒める材料が引き出せます。

③「仕事」について。

人は自分の仕事に誇りを抱いています。それだけに相手の仕事を知り、その仕事の重要さを高く評価してあげることで、相手とのコミュニケーションの度合いは、グンと深まります。

私は若い人の集まりに招かれ、講演する場合は、必ず、将来は自分の好きな専門の仕事で自立できる人生設計を考えることを説き、村上龍の『13歳のハローワーク』『13歳の進路』(共に幻冬舎)などの職業案内書を読んで職業の研究をすることを勧めています。

職業案内書を読むと、現在の日本には、さまざまな専門的な職業が存在することを知ることができます。そうした本に私たちも通じておけば、相手の仕事を聞き出したとき、その重要性を高く評価してあげられるだけでなく、相手の仕事上の体験談を聞いて、そこから現在の日本の現場の実態を学ぶこともできます。

仕事の話は奥が深く、それだけに興味が尽きません。また相手を称賛するにふさわしい話題が、相手の仕事の中にいくらでも含まれています。

◆良客は三マメのフォローアップをする人を好きになる

私は、三二年間の講演家人生で、大企業から零細企業・個業主までの広い範囲で、数え切れないほどの多くの経営者に出会ってきました。その経験を通して、はっきり言えることは、成功している方々は、共通してフォローアップの対応が身についていることです。

講演会でお世話になった方々に対して、私はお礼のお便りを差し上げることにしていますが、成功している経営者のほとんどから、返事のお便りがきます。つまり手マメの習慣が身についているのです。

この事実から、**人と人との交流において、面談の後もフォローアップの行為を丁寧に行える人は、人縁のネットワークを広げ、それがビジネスの成功につながっている、と言えると思います。**

有名な徳川家の剣術指南役・柳生家の家訓「小才は縁に出会って縁に気づかず、中才は縁に気づいて縁を生かさず、大才は袖触れ合う縁をも生かす」にあるように、成功していく人はそれこそ一回きりの出会いの縁をも生かしています。

この成功者の習慣は、良客になる方々の習慣でもあると考え、それに対応するためには、私たちもできるだけフォローアップの行為を身につけておきたいものです。

フォローアップの手段には三つあります。それを私は三マメと称して紹介してきました。手マメ・口マメ、足マメのことです。この三つのフォローアップについて、触れておきましょう。

①手マメ（便りフォロー）の効用

良客は、便りをマメに届けてくれる人を好みます。セールスマンでも成績のいい人ほど、筆マメであることが、そのことを示しています。

便りを出すことは、人によっては面倒に感じるものです。ですから、一年に一度も手紙やはがきを出したことがないという人も結構いるものです。

しかし、パソコンや携帯電話の普及で、メール通信が簡単にできるようになり、相手への連絡が容易になりました。

その連絡に対し、「返信」の機能を使って、すぐに返事を送れることもやはり便利になりました。このメール機能が国民のものになったことは、大変素晴らしいことです。

手を使って返事を出すことによって、その文章は記録に残ります。文章は何度も読み返すこともできます。人に見せることもできます。普段、録音をしないで使っている電話とそこが大きく違うところです。

しかも文章で伝える場合は、送り手の感情をはっきり表現することができます。直接の対話では言いにくい相手への称賛・お礼・感謝・感動・共感・激励・慰労・お悔やみなどの感情移入の必要な伝達機能として、便りは最適の手段です。

そのことを考えると、マメに相手に便りを出すことは、人間関係の形成には欠かせない手段です。良客は、そのことを重々承知しているのです。

二〇〇九年（平成二一年）一月〜三月、慶應義塾大学創立一五〇年を記念して、東京国立博物館で『福澤諭吉展』が開催されました。多くの福澤諭吉ファンが出かけましたが、私もその中の一人でした。

福澤諭吉の遺品の数々を見て回りながら、私が一番印象に残ったのは、彼が遺した手紙の多さでした。彼は六六歳で亡くなりましたが、その間、優に一万通を超える手紙を家族・親戚・教え子・友人・政治家・経済人などの知人に書き送ったのです（現在、そのうちの約三〇〇〇通が保管されているとのこと）。

福澤諭吉が一万円札の肖像画に登場するほど、今も国民の間に人気があるのは、この彼の手マメの習慣も大きな要因ではないでしょうか。

このことは、福澤諭吉が、手マメの威力のすごさを、私たちに教えてくれている教訓と受け止めるべきです。

②口マメ（電話フォロー）の効用

携帯電話の普及で、私たちの間で、電話で連絡し合うことが日常の欠かせない習慣になりました。その上、緊急時の連絡で、携帯電話が果たす役割は想像以上のものがあります。しかしその一方で、あまりにも手軽に電話が使えることから、何事もすぐに親や友人や上司に電話で相談するため、自分で判断や決断ができない人間が増えています。

この風潮を放置しておくと、次第に他者依存型の人間ばかりが育っていき、今のわが国が求めている自分の行動に責任を持つ自己責任型や自助自立型の人材が、ますます減っていくことを意味します。

そうした携帯電話による弊害を是正するために、適度な電話の活用はどうあるべきかを、国も会社も学校も家庭も、大いに検討していくことが喫緊の課題になりつつあります。

③足マメ（訪問フォロー）の効用

良客は、足をマメに使ってフォローアップしてくれる人間を大切にするものです。何かのトラブルが起きたとき、すぐに飛んできてくれる人を、良客ほど求めています。

「お客様、何かございましたら、いつでもご用命を。すぐに対応させていただきます」という言葉ほど、良客を安心させるものはありません。

北陸の福井地方は、冬の季節は各家庭の水道管が凍りつき、水が出ない事故がよく生じます。そんな時、どんな真夜中でも雪の降る日でも、すぐに来てくれる水道工事店があれば住民は安心です。

私の講演を聞きにきてくれた人の中に、そんな水道工事店の経営者がいたのです。その人の店は福井市の郊外にあるのですが、市内の中心地にもたくさんお客様がいるそうです。

それはそうでしょう。いつでも気持ちよく修理に来てくれる店を、顧客は絶対に手放すはずがありません。この経営者は、店の立地条件の悪さを足マメのフォローアップでカバーし、繁盛店になっていたのです。

足マメのフォローアップのアフターサービスは、大きな販売力でもあることを、この事例が教えてくれています。

◆知人や関係者からの連絡にはクイックレスポンスで臨もう

良客に恵まれた個業主に共通しているのは、何事に対しても即時対応の習慣を持っていることです。誰でもそうですが、人に何かをしてもらいたいと頼んだとき、すぐにしてくれることを期待します。

税金・ガス・電気・水道などの公共料金や商品の購入代金の支払い窓口は、かつては銀行か郵便局と決まっていました。ところが、コンビニでの支払いが可能になるや、コンビニを利用する人が激増していきました。

今では、窓口支払いシェアの七〇％がコンビニだと言われています。そうなった要因は、コンビニは、銀行・郵便局よりも時間がかからず、しかも年中無休・二四時間サービスで対応をしてくれるからです。

この即時対応が、どんな場合も顧客には嬉しいのです。ましては、良客になるような人ほど、その要求度は強いのです。また良客自身も、何事も即時に処理することを心がけているものです。


一九五九年（昭和三四年）、日経に入社した私は、最初の新人研修期間中、都内の新聞店で新聞配達・集金・セールスの実習をしました。私の受け持った地区は住宅街でした。

当時、新聞代金の集金はすべて訪問して読者から直接受け取る方式でした。集金は一般に月末に行うものですが、私が配属された新聞店では、優良の固定読者（いわゆる良客）への集金は月の半ばから始めていました（こういう早く集金させてもらう良客を「初集の読者」と、その販売店では表現していた）。

初集の読者を訪問すると、どこでもすぐ支払ってくれました。長い時間待たせられることなく、別な日に来てほしいと言われたこともなく、どこでも気持ちのいい応対をしてくれました。

私は、「さすがに、よい読者は、支払う態度も立派だな。自分も将来は、このように気持ちよく対応ができる人間になりたいなぁ」と感じたものでした。

この新聞販売店の実習で、さまざまなタイプの読者と接し、サービスのあり方、また、顧客としてのあり方など、現場で実際に学ぶことができたことは、その後の私の人生で大きな教訓となりました。

「商売は良いお客様の数で決まる」という言葉を、マーケティングの基本に据えることができたのも、その良いお客様（＝良客）からの支持を受けるには、常に「即時対応」（＝クイックレスポンス）のサービスが顧客満足の第一条件、と考えることができるのも、この販売店実習時の体験がベースになっています。

一九九一年（平成三年）に発刊された『一回のお客を一生の顧客にする法』（ダイヤモンド社）は、二〇〇四年（平成一六年）に改訂版が出されましたが、今日までの二〇年間、顧客満足を考える人にとっては必読の書として読まれ続けている本です。

この本には、顧客満足のサービスとは何かが、アメリカの優秀な自動車ディーラーの実例に基づいて詳細に綴られています。その中に次の一節があります。

「セールスマンとサービス・アドバイザーは全員、顧客に自宅の電話番号を教えることになっている。顧客が助けを必要とするときに役立ちたいからである。顧客は必要なときにその番号が見つからなかったり、手元になくても問題はない。ディーラーに電話をすればよい。閉店後もガードマンがおり、全員の番号を知っている。店に電話すれば、ガードマンが連絡を取って適切な人間を顧客のところに回してくれるだろう。

例えば、午前五時、ある顧客が仕事に向かおうとしてパンクを発見する（このような電話をたくさん受ける）。ショールームに電話すれば、ガードマンはサービス技術者に電話連絡（一日二四時間年中無休で必ず担当がいる）、技術者は修理専用トラックに改造したシェビー・サバーバンで現場へ向かい（このサバーバンにはエアコンプレッサー、キーカッターなど考えられる限りの機械、器具がすぐに使えるように格納されて揃っている）、スペアを取り付ける。そして顧客は仕事に向かえるというわけである。前に述べたように料金は請求しない」

この一節を読んだとき、私が、独立以来、顧客サービスは「年中無休・二四時間体制であるべきで、顧客の担当者は名刺に自宅の電話番号を印刷しておくようにしよう」と言い続けてきたことが間違いではなかったと確認でき、本当に嬉しく思ったものでした。

この本の著者は、一九七三年以降、アメリカで数々の表彰を受け、一九八七年には、『タイム』誌のQuality Dealer Awardを受賞した経営者です。つまり、私が独立する前から、すでにアメリカでは、このような徹底した顧客サービスが注目を浴びていたのです。今でこそ、年中無休・二四時間サービスは、日本でも顧客満足のサービスとして当たり前になりましたが、三〇年ほど前は、「何も、そこまで顧客に尽くすことはないのでは……」という声がしきりでした。当時の日本は、まだまだ売り手中心の発想が主流だったのです。

しかし、バブル崩壊後、デフレ経済が日本国中を覆いつくし、供給過剰が続いてきた結果、顧客中心の考え方がやっと定着してきています。

その顧客の中でも、さらにロイヤルカストマーと称される良客の存在がクローズアップされてきています。今や、どの企業も良客の獲得に必死です。ましてや個業主の存続には、良客の存在が欠かせません。

それだけに、良客が求める即時対応のサービスができるかどうかが、個業主の運命を決めると言っても過言ではないと思います。

◆第七章◆

二生目の人生を全うするために情熱を燃やせ

◆「一隅を照らす」生き方を目指そう

二〇一一年(平成二三年)一月一八日付の読売新聞朝刊の全国版五頁に「一隅を照らす」というテーマで、致知出版社の全面広告が掲載されました。この広告は一頁全部を使った広告だけに、そこに示された次の一文が読む人に強烈なインパクトを与えました。

「『古人言《いわ》く、径寸《けいすん》十枚、これ国宝に非《あら》ず。一隅を照《てら》す、これ即《すなわ》ち国宝なり、と』

伝教大師最澄《でんきょうだいしさいちょう》『天台法華宗年分学生式《てんだいほっけしゅうねんぶんがくしょうしき》』の冒頭に出てくる言葉である。これは最澄の師、唐の湛然《たんねん》の著『止観輔行伝弘決《しかんぶぎょうでんぐけつ》』にある次の話を踏まえている。

むかし、魏王《ぎおう》が言った。『私の国には直径一寸の玉《ぎょく》が十枚あって、車の前後を照らす。これが国の宝だ』。すると、斉王《せいおう》が答えた。『私の国にはそんな玉はない。だが、それぞれの一隅をしっかり守っている人材がいる。それぞれが自分の守る一隅を照らせば、車の前後どころか、千里を照らす。これこそ国の宝だ』と。

この話にこもる真実に深く感応したのが、安岡正篤《まさひろ》師である。爾来《じらい》、安岡師は『一燈照隅』を己の行とし、この一事を呼びかけ続けた。

『賢《けん》は賢なりに、愚《ぐ》は愚なりに、一つことを何十年と継続していけば、必ずものになるものだ。別に偉い人になる必要はないではないか。社会のどこにあっても、その立場立場おいてなくてはならぬ人になる。その仕事を通じて世のため人のために貢献する。そういう生き方を考えなければならない』

その立場立場においてなくてはならぬ人になる、一隅を照らすとはそのことだ、という安岡師の言葉には、私たちの心を奮起させるものがある。

国も社会も会社も自分の外側にあるもの、向こう側にあるもの、と人はともすれば考えがちである。だが、そうではない。そこに所属する一人ひとりの意識が国の品格を決め、社会の雰囲気を決め、社風を決定する。一人ひとりが国であり社会であり会社なのである。

世界が激しく揺れ動いている今こそ、一人ひとりに一隅を照らす生き方が求められているのではないだろうか」

私は、この一文を読みながら、明治時代の大ベストセラーになったサミュエル・スマイルズの『自助論』（三笠書房・一三頁）の次の一節を思い出しました。

「立派な国民がいれば政治も立派なものになり、国民が無知と腐敗から抜け出せなければ劣悪な政治が幅をきかす。国家の価値や力は国の制度ではなく国民の質によって決定されるのである。
われわれ一人ひとりが勤勉に働き、活力と正直な心を失わない限り、社会は進歩する。反対に、怠惰とエゴイズム、悪徳が国民の間にはびこれば社会は荒廃する。われわれが『社会悪』と呼びならわしているものの大部分は、実はわれわれ自身の堕落した生活から生じる。だから、いくら法律の力を借りてこの社会悪を根絶しようと努力しても、それはまた別な形をとって現れ、はびこっていくにちがいない。国民一人ひとりの生活の状態や質が抜本的に改善されて初めて、このような社会悪はなくなる。
また、法律を変え、制度を手直ししたからといって、高い愛国心や博愛精神が養えるわけでもない。むしろ、国民が自発的に自分自身を高めていけるよう援助し励ましていくほうが、はるかに効果は大きい」

スマイルズは、国民一人ひとりが、世のため人のために勤勉に働き、まさに一隅を照らす生き方をすべきであると説いています。また、明治の日本人の多くは、スマイルズの意見を素直に受け止め、そのように生きようと熱望し、スマイルズの書を夢中で読んだのだと思います。

ところが、今の日本人はどうでしょうか。全体の傾向として、自分の能力を発揮して懸命に生きることよりも、国や社会に頼って、あれこれ要求することに関心が向きつつあります。

本来、人は自分の人生は自分の責任で賄《まかな》っていく、そのために懸命の努力をしていくという覚悟が必要であり、その覚悟の下に、己に賭けていくべきです。そのような姿勢がなければ、とても「一生にして二生を生きる」の二生目のロングランの人生をまともに生きることはできないでしょう。

七五歳になった私は、周辺の高齢者を観察しながら、あまりにも多くの高齢者が、定年後は年金に頼り、一隅を照らすための自分の仕事を持つことなく、いたずらに無為な人生を歩んでいるように思えて、残念でならないのです。

そうした年金生活に安住する高齢者たちは、死を迎えるとき、きっと後悔することがあると思います。

かつてアメリカのスタンフォード大学が、九〇歳を過ぎた高齢者に「自分の人生で何が悔やまれるか」という調査をしたところ、圧倒的に多かったのが「もっとリスクを負えばよかった」という答えだったそうです。

このことは日本人にも、そっくり当てはまるのではないでしょうか。私はこれまでに多くの高齢者から「田中さんのように、リスクを覚悟し、思い切って独立しておけばよかった」という後悔の言葉をたびたび聞かされました。

サラリーマン生活を終え、悠々自適の生活を送ってはみたものの、そうした老後の生き方では生き甲斐を感じることはなかったという、大方の高齢者が一様に抱く後悔の気持ちが、そこに表されているように思えるのです。


先日、四〇代のサラリーマンから「現在の仕事が面白くない。何かアドバイスを」との相談がありました。

そこで私は「Success is a journey, not a destination.」（成功は旅である、到達点ではない）という言葉を紹介し、次のように言いました。

「これからの成功とは、自分の意志で選んだ仕事で、一隅を照らすことです。それは、リスクを負うことを伴いながら、悪戦苦闘の人生を歩んでいくプロセスを言うのです。

決して金持ちになるとか、有名になるとか、そういうことが成功ではないのです。ですから、将来はこういう仕事をしたいという願望を抱き、今の職場を道場として自分を鍛えていってほしいのです。

そういう考えで今後の生き方をとらえ直していけば、現在の仕事を通して、個業主になるための準備として、たくさんのことが学べるはずです。そして、いつか本当に個業主として独立のリスクを負いながらも、我が道を行くという独自の人生をスタートし、一隅を照らし続けてください」

幸いに、その人から「将来、リスクを負っても、自分の一隅を確立するぞ！という願望を抱いたところ、仕事に対する気持ちが新鮮になり、毎朝、起きるのが楽しくなりました」と、便りがありました。

この中年のサラリーマンとのやりとりを、私は高齢者の人にも伝えたいのです。

「死ぬときに後悔しないためにも、何かリスクを背負って、自分なりの一隅を照らし続ける人生を再スタートさせようではありませんか」と。

その覚悟さえできれば、人生が一〇〇年近くまで長くなるというロングランの人生を前にして、「一身にして二生を生きる」の生き方に懸けることができると思います。

◆頑張り系文化に軸足を移す生き方に徹しよう

今の日本はサラリーマン社会です。個業主を含めた事業主とその家族従業者は全就業人口の一二・七％でしかないことは、先述したとおりです。

サラリーマンは事業主に比べると、圧倒的に癒し系文化に浸ることを好むものです。ですから、わが国では、苦労して頑張るよりも、楽な人生を送りたいとする人がどんどん増え続けているのです。

それに加えて、サラリーマンの中に、倒産・廃業のリスクを抱えながら、懸命に頑張っている事業主よりも、一流の大学を出て、一流と言われる勤め先で、リスクを負うことなく、安定した人生を歩む人のほうを尊敬する傾向が強まっています。

この結果、今の日本では、頑張り系文化を否定する人たちが世の中に満ちあふれようとしています。

この風潮を見過ごしてしまえば、日本は次第に衰退していくでしょう。**社会が発展を続けるには、癒し系文化に浸ることなく、頑張り系文化に浸り、リスクを覚悟しながら、コツコツと一隅を照らすことを頑張り続ける人が大勢いなければなりません。**

サラリーマンから独立して自分の事業に懸ける人の比率が、先進諸国の中で、日本は一番低いことは先述しました。これは癒し系文化が、大方の日本人の心を支配しているからです。

この悪しき傾向を打破するのは、まず、かつて頑張り系文化の下で必死に働いた経験のある高齢者が、年金をはじめとする福祉制度に依存することなく、もう一度、勤勉な生活に戻ることです。

たとえ自分の専門の仕事を持たなくても、どんな仕事に対しても、誠心誠意の姿勢で努力していく勤勉な態度で臨めば、世の中は、そういう人に次々と仕事を用意してくれるものです。

ハローワークに行けばわかるのですが、歩合給の営業の仕事は年齢制限のないのが普通です。ところが、こういう仕事をやってみようとする高齢者は少ないのです。

ある専門図書の出版社が、全国の高専・大学・研究機関を相手とする歩合給セールス業務のスタッフを「六〇歳以上の人に限る」という条件で公募したところ、元サラリーマンの人が幾人か応募してきたのです。

その中から、営業は未経験でも、意欲があり、人柄の誠実な人を選び、仕事を任せてみました。その結果、訪問先で、その人の人柄と熱心な態度が受け入れられ、次第に高額の専門書の受注につながっていったのです。そして今では七〇余歳にもかかわらず、その会社にとって欠かせない戦力になっているのです。

この話は、勤勉さ、情熱、正直、真面目といった心構えは、素晴らしい能力であることを示唆しています。

昨今は、要領よく、しかも楽をして稼ぎたいと志向する人がはびこっていますが、きちんとした顧客は、そういう態度で仕事をしている人を避けるものです。

口下手でも、要領はよくなくても、情熱を持って、誠心誠意、約束を守り、自己犠牲をいとわず顧客のために尽くす人を、世間は支持していくものです。

長く続けることを前提とした仕事は、心構えが勝負です。最初はダメでも、それに挫《くじ》けず、コツコツとやり続ける情熱と根性を持って臨んでいる人を、良い相手ほど、じっと見ているのです。そして「こんな人がうちにもいてくれたらいいなぁ」と相手が思うようになれば、勝負は決まったようなものです。このことは、東西古今、どの国でも変わらぬ鉄則です。

アメリカで一九二四年以来、ずっと売れ続けている教科書があります。それはマグロウヒル社発行の『テキストブック　オブ　セールスマンシップ』(Textbook of Salesmanship)です。

私が日経マグロウヒル社に出向したことがきっかけとなり、この教科書の存在に気づくことができたのは僥倖《ぎょうこう》でした。この本を通して、セールスマンシップの真髄に触れ、それが私の後半の人生の大きな指針になったからです。

この本の第二〇章の「正しい心構えの重要性」の項に、次のような三つのことが記されています。

①一流のセールスマンは知的な能力よりも、むしろ心構え（mental attitude）によって成功している。

②あらゆる分野で、ましてやセールスの分野で勝利する要因の七五％は、正しい心構えによるものである。

③何日も何週間も、一人で仕事をするセールスマンの歩む道は厳しく、それに耐えていく自分を勇気づけるのは、結局、心構えを磨くことである。

サラリーマンも定年になると、組織を離れて一人になります。その孤独に耐え、新たな人生を切り開いていくには、正しい心構えが必要です。**心構えを常に磨き続けている人は、生涯、仕事に困ることはありません。**

では、どのように心構えを磨き続けていけばいいのか、そのことを考えていきましょう。

◆心構えを磨く二つの側面

心構えを磨き続けることは、意外にも難しいことです。なぜならば、正しい心構えを身につけるには、良き生活習慣を繰り返し実行していかなくてはならないからです。良き習慣を継続することは簡単なことのようですが、実は、最も難しいものです。

だからこそ、良き家庭、良き学校、良き職場ほど、日々、良き生活習慣の徹底に最も力を注いでいるのです。

そこで私は、講演会の中で「**正しい心構えを身につけるには、行動と考え方という二つの良き習慣を磨き続けることである**」と言い続けてきました。

この行動と考え方の二つの良き習慣を繰り返すことが、組織の運動として取り上げる場合、「絶えざる基本徹底」となるのです。

この基本徹底を絶えず実行しているところは、必ず、良い成果を生じさせています。そのことがよく理解できている経営者は、良き習慣を徹底的に実行することを社員に訴え、自らもそれを行っているのです。

それは企業や商店だけではありません。学校でも言えることです。その一つの具体例を紹介しておきましょう。

福岡県筑後市に県立の筑後特別支援学校があります。特別支援学校とは、視覚障害者教育を行う盲学校や聴覚障害者教育を行う聾《ろう》学校と同様に、障害を持った人々を対象とする学校です。

筑後特別支援学校は、知的障害者を支援する学校で、小学部・中学部・高等部がありま す。高等部を卒業した生徒は、福祉施設か一般企業への就職を希望します。

一般企業への就職はかなり難しいため、同校では三年生を対象に、年二回の現場実習と、就業態度訓練として、〈進路モーニングトレーニング社〉（仮想会社）の朝礼という形式をとって、毎朝、始業時間前一〇分間を使って挨拶訓練を一年間徹底して行っています。

この就業態度訓練を実施するについては、現場実習先の企業から、次の四つの課題が指摘されたことがきっかけになったのです。

①自分から先に「おはようございます」の元気な挨拶がない。
②仕事を指示しても、「はい」の素直な返事がない。
③仕事が終わっても、「終わりました」の報告がなく黙って立っている。
④人から親切にしてもらったり、物をもらったりしても、「ありがとうございます」の感

謝の気持ちを素直に言葉で表せない。

この指摘に加えて、企業の社長たちから、次のような意見も寄せられました。

「スキルよりもまず態度と心構えが大切です。毎朝、誰よりも早く出勤し、誰に対しても自分から先に笑顔で元気な挨拶ができるようであれば、わが社で採用します。まずは、人から好かれることが大事。仕事は、時間をかければなんとかなります」

「二〇世紀は、物を作り売りさばき、利益をとことん追求する時代。しかし二一世紀は、心を磨き、心をつくり、社会貢献する時代です」

そこで、同校の〈進路モーニングトレーニング社〉では、次のような訓練を毎朝行うことにしています。

○会社の「社訓」と「スローガン」を全員で声を出して一斉に復唱

〈社訓〉

あ：明るい元気な挨拶

い：いつも「はい」のいい返事

う：ウキウキ、ドキドキ、仕事をがんばる

え：笑顔、笑顔のスーパースマイル

お：お礼、お礼の感謝の気持ち

〈スローガン〉　元気のいい挨拶日本一を目指す進路モーニングトレーニング社

○会社でよく使う「一〇の言葉」の声出し練習（全員復習→個人復習）

①おはようございます　⑥終わりました。次は何をしたらよいですか
②よろしくおねがいします　⑦いらっしゃいませ
③はい。わかりました　⑧ありがとうございます
④すみません。失礼しました　⑨おつかれさまでした
⑤わからないので教えてください　⑩お先に失礼します

○会社でのあらゆる場面を想定しての声出し練習（一斉）

出勤時、仕事中、昼休み、来客中、仕事終了時、退社時

（教師が社長役となって、会社での場面を言って、それに適した言葉を全員で声を出して確認していく）

こうした訓練を重ねた結果、実習先の企業から称賛を受けるようになりました。そして、この不況下で一般高校生でも就職が難しい時代に、同校は六年連続で全員就職内定という快挙を遂げています。

しかも各事業主から絶大な信頼を得られたことから、求人指定校に指名されるようになり、それと併せて、生徒たちの職場実習受け入れの企業も増え続けています。

この行動と考え方の二つの側面から心構えを身につけさせる習慣を続けることで、事態を大きく好転させていった筑後特別支援学校の事例は、すべての家庭・学校・職場に適用できるものです。

日々の生活で良き習慣を確立することが、幸せな人生を歩む決め手であり、それは高齢者の人生でも言えることです。

◆危機意識を抱きながら自分の仕事を確立しよう

日本とドイツは共に、第二次大戦で敗戦国となり、連合国に占領されました。しかし、両国とも、占領終結後は、飛躍的な経済発展を成し遂げました。その要因は、日独ともに国民が勤勉で真面目であったからだとされています。

その証拠に、イギリスのＢＢＣ放送が二〇〇六年以来、毎年行っている「世界に良い影響を与えている国」の世論調査では、日本とドイツは常に上位四位以内にランクされています。

そのように、両国は国民の資質で似通ったものがありますが、一つ大きく違うのは、他国に対する危機意識です。

ドイツは歴史的に周辺諸国と国境紛争を重ねてきました。それだけに、いつ何時、他国に侵略されるかもしれないという危機意識を、全国民が潜在的に持っています。

そして場合によっては、国を捨てて他国に避難しなければならないための用意を怠りません。その一手段として、他国でも生活していける専門の能力を身につけているのです。ドイツ人のほとんどが英語をはじめ、いくつかの外国語を習得しているのも、その一つです。

片や日本は、周辺を海に囲まれていることもあって、三〇〇〇年の歴史の中で他国に占領されたのは、戦後アメリカによって一九四五（昭和二〇）年九月二日（戦艦ミズーリ船上での降伏文書調印の日）から一九五二年四月二八日までの六年七ヵ月の期間だけです。

この歴史が示しているように、日本は、世界でも珍しいほど、他国との戦争が少なかった平和な国なのです。

そのために、日本人のほとんどが、国を捨てて他国に避難することなど考えたこともありません。また、そんな危機意識を持っていません。

ドイツ人は、そのことを不思議に感じることでしょう。それほど、日本人はわが国の国土で生涯を全うすることを当然としています。また海外に移り住んでいる日本人も、老後は日本に戻ってのんびり過ごしたいと考えている人が多いのです。

このことからも、日本人は本来、内向き人間であることが理解できます。

そんな日本人にとって、これから勢いを増すグローバル化時代を生き抜くことは、厳しくなってきます。グローバル化とは、他国との関係で、できるだけ交流の障壁を撤廃し、お互いに自由競争ができるようにしていこうということです。

すでに日本では、貿易の自由化や金融自由化によって、海外で作られた製品や海外の資本の流入が盛んになってきています。

これに加えて、今後は人材の自由化が盛んになるでしょう。もうすでに、在日中国人の数はこの一〇年間で三五万人（月平均約三〇〇〇人）も増加、総数で七〇万人を超え、わが国で最も多い外国人になっています。

今の民主党政権の方針が変わらない限り、中国人の流入は、これからもますます増えていくと予想されます。

こういう事態が続けば、日本の働く現場では、外国人と日本人の就職競争が起きてきます。中国の賃金レベルは日本の一〇分の一ですから、彼らは現在の日本の賃金水準でも喜んで働くでしょう。その結果、日本人の雇用機会が減少することも考えられます。

外国人労働者との競争に打ち勝つには、彼らではできない分野に進出することです。その一つが農業です。

このところ、日本全国に農業ブームが起きています。

その動きの一つが、二〇〇九（平成二一）年七月に創刊された若者向け農業季刊誌『Agrizm』の人気です。

当初は若者にターゲットを絞って発刊したようですが、その目論見を超えて、一〇代から七〇代までの幅広い読者をつかんで好調な売れ行きを示しています。

また、書店では農業に関する本がよく売れています。農業に関する各種イベントにも予想以上の人が参加しています。

確かに、日本の農業の将来には期待が寄せられます。中国では、日本米が大人気ですし、日本野菜も安全性の面から飛ぶように売れているということですから、そんなに日本産の農産物が好評ならば、改めて農業分野に仕事を求めたくもなるものです。

全国各地の農業法人の講演会にも度々招かれる私は、新しい感覚で農業に挑んでいる人々を通して、就業・起業の面からも、これからの農業の仕事は有望であると考えています。

農業界の革命児と言われ、千葉県農林水産功労者賞を授与された農事組合法人「和郷園」代表理事・木内博一氏は、著書『最強の農家のつくり方』（ＰＨＰ研究所・一五三頁）で、こう述べています。

「視野を世界に広げてみれば、日本ほど美味しい野菜をつくれる国はないし、日本ほど山海畑の幸に恵まれている国もない。日本の食事が美味しいことには、世界中の人々が気づき始めている。世界のなかで日本の農業の力を生かしていくことを考えれば、農業の未来は一転して明るいものになる」

この木内氏の指摘のとおり、日本の農産物は、世界的に高い商品価値を有していることを考えれば、二一世紀の日本の農業に新たな成長が見込まれるというものです。


これまで日本の農業を支えてきた農家は、目下、後継者不足で大きな転機を迎えようとしています。このことは、ある意味ではビジネスチャンスと言えます。

農家の人手不足を解消する仕組みを作り、その構想の下に、就職難にあえぐ若い人たちや、定年後の人生をもっと活動的なものにしたいと思っているやる気のある団塊の世代の人たちに呼び掛ければ、農業就業人口を増やしていくことができるはずです。

その新しい波を起こしていくことも、まさに「一隅を照らす」生き方になります。**人は死ぬまで働くことを前提に、人生を再設計していくうえで、日本の農業再生に一役買うのも、素晴らしい自分の仕事の確立になるのではないでしょうか。**

◆第八章◆

私の独立人生を支えた言葉の数々

◆生きざまが人を動かす

「田中さん、あなたはどうして恵まれていた日経での生活を捨ててまで、保障のない講演業の世界に身を投じたのですか。そのまま日経にいても、講演はいくらでもできたはずでしょうに。田中さんの気持ちがどうもわかりません」

これは、日経を退社した直後、某企業の課長研修に出講したときに、研修部長が私に向かって発した言葉です。これに類する言葉は、その後、いろいろな場面で耳が痛くなるほど聞かされました。

それほど、三二年前のわが国は、大企業の管理職の立場を捨ててまで独立した私のケースは稀有なことで、関係者みんながその真相を聞きたがりました。

なかには、私が日経で何か不祥事でも起こして辞めさせられたのではないかと疑う人もいたほどでした。

日経マグロウヒル社の創業に参加し、雑誌の直販ビジネスに成功した部門の責任者であった私は、当時、出版セミナーや直販研究会の会合では引っ張りだこの講師でした。社内外の社員研修の講演もよく頼まれました。ですから、確かに講演はいくらでもできる立場にありました。

しかし、それらの講演をこなしながら、私は正直なところ、心満たされぬものを感じていました。その理由は、私の講演は日経をバックにして成功したビジネスの話であって、私自身に関する話ではなかったからです。

多くの人は、それでいいではないかと言います。しかし、私はそうではなかったのです。カーネギー教室では、インストラクターがよく「あなた自身の話をしてください。他人の話は結構です」と繰り返し指導していました。それがカーネギーの教室の方針でもあったのです。

デール・カーネギーは全米で話し方教室を開催し、何千人に話し方を指導しているうちに、聞き手を感動させる話は、あくまで自らの体験に基づいたものであることに気づいたのです。そこから「Talk your story」（あなたの話をしなさい）の指導方針が生まれたのです。

「生きざまが人を動かす」という言葉は、その人の生き方そのものが、最も人を感動させることを意味しています。悪戦苦闘しながら自分の仕事を成就していく過程での喜怒哀楽の体験談は、聞く人に感動を与えます。

実際に、カーネギー教室や話力総合研究所で、インストラクターの助手を務めて、数多くの人の話をそばで聞きいてきた私が、いつも心動かされる話は、すべてがその人の強烈な体験談でした。

そんな経験を積んでいた私だけに、日経に身を置きながら話す講演には、私自身が満足できませんでした。ですから当然のこととして、聞き手も私の話に感動することはなかったと思います。

人にやる気を起こさせるモチベーショナルスピーカーという講演家を目指す以上は、人々に感動を与える話ができなければなりません。そうするためには、今の恵まれた環境の中にいて、日経での仕事の話をしていてはダメだ、思い切って日経を辞めて、身体一つから這い上がっていく過程で、そこで体験したことをベースにした話をすべきであると悟るようになったのです。

加えて、いつかは個業主になりたいと独立のための学習をし、そのための心の準備をしていた私にとって、次の二つが少しでも早く独立することを促したのです。

○当時、親しくしていた産業人研究所の故鶴巻敏夫氏（東大卒業後、現・三井化学に二五年勤務後、教育部長を最後に四八歳で独立。当時、講演家として人気を博していた方）から、「独立するなら四〇代前半がいい。私はあと五年早く辞めておけば、もっといろいろな冒険ができたと思っています」との助言をもらったのが、私が四二歳のときであったこと。
〇日経時代から私を外部の企業内研修の講師として斡旋してくれていた教育会社の営業部長が、独立したら応援しますよと何度も励ましの助言をしてくれていたこと。

しかし、日経を辞めることは、それまでの二〇年間の社内でのキャリアと出世の道を捨てることですし、日経の社員として得ていた世間の水準を超える給与、ボーナス、割り増し年金、優遇されていた社内健保など、あらゆる所得や待遇を放棄することを意味します。

そんな危険を冒し、生活の保障のない世界に身を置くことは、家族に大きな迷惑をかけることになりますから、独立して何とかやっていく自信はあったものの、実際に踏み切るまでには、かなり悩みに悩みました。

幸いに家内の同意を得たのが最終的な決断のきっかけとなり、断崖絶壁から飛び降りる気持ちで辞表を提出しました。

いざ独立してみると、自らが動かなければ一銭も収入を得られないという、誰にも甘えることのできない個業主の厳しさが身に沁みました。

それに、日経の同僚を含めて多くのサラリーマンが私の転身を理解できないどころか、個業主として人生に挑戦していく生き方に批判的だったことは意外でした。

しかし逆に、事業主の人たちは、私の決断と実行を評価し、裸一貫から自分の目指す道で頑張ろうとしている私を、温かい目で見てくれ、活動の場も提供してくれました。事業主の多くは、私と同じように最初は悩みながら独立を決断した経験があるからでしょう。

四三歳で日経を中途退社した私は、それこそ背水の陣でした。なりふり構わず、只々、前に進むしかありませんでした。四人の家族を路頭に迷わせないためにも必死でした。

そうなれば、講演にも力が入ります。「一銭の保障もない私は、この講演に失敗したら明日がありません。日経を思い切って辞めて、講演に命を懸ける私の話はどんな話か、どうぞ、皆様、最後まで聞いてみてください！」と懇願しながら、身体中から噴き出す汗をぬぐうこともせず、それこそ一所懸命、話に打ち込みました。

その命懸けで情熱的に話す私の姿が、人々の感動を誘うことにつながっていきました。まさに「生きざま人を動かす」の状況を作り出すことになったのです。

講演が終わると「今日のような講演は初めてです。今度は私の会社に来てください」といったようなリピートオーダーが次々と入るようになりました。

「生きざまが人を動かす」を信条にして、一つ一つの講演に全身全霊で立ち向かっていくうちに、世間の支持をいただけるようになり、私の前に、講演家としてやっていく道が開

けていったのです。

◆We live on the lists　(私たちはお客様の名簿の上で生活している)

一九六九(昭和四四)年、日経から日経マグロウヒル社に出向したとき、上司からマグロウヒル社のconfidential papers(秘密書類)としてのマニュアルを渡され、「ここに書かれている内容を今後の施策に生かしてほしい」と言われました。

さっそく読み始めましたが、そこに記されていたのは、マグロウヒル社の雑誌発行の販売戦略の要諦でした。

その中に「We live on the lists」という一行があり、この言葉が私の目に飛び込んできました。

ここで言うlistsとは、雑誌の読者名簿のことです。つまり、マグロウヒル社の雑誌は直販であるため、読者名簿が会社の土台であることを意味しています。

そこから良い読者を獲得していかなければ会社の存在はない、良質な読者の名簿は最大の財産であり、それを増やすことが会社の使命であると、良客創造の重要性を示唆していることが、この言葉から読み取れました。

つまり、この一行の言葉を前提とする良い読者を増やすためのマーケティング戦略が、そこに縷々《るる》書かれていたのです。

私は、このマニュアルを通して、アメリカ直伝の顧客中心の経営戦略を、誰よりも早く具体的に知る機会を手にできたのです。そのことは、私はもちろんのこと、まだ作り手中心の発想が主流だった当時の日経にとっても、大きな収穫でした。

それから一〇年間、まず良い読者となる見込み客の名簿を選別し、それをベースに読者獲得のマーケティングを展開していくという実務を、日経の社員としては一番早く経験できたことは、以後の私の人生でどれだけ役立ったか、計り知れないものがあります。

この経験から、「**商売は良いお客様の数で決まる**」という理念が自分のものになり、「良客の存在なくして企業の存続はない」という哲学を多くの人に知らせ、そのための方法を伝える話を講演に盛り込んでいくことができ、それが私の講演の独自性にもなっていったのです。

そして何よりも、私自身が良客形成を基本にした個業のあり方を追究し、ここまでの三二年間、個業主として継続することができている事実が、ありがたいことなのです。

この本でも繰り返し述べてきましたが、良客を自分の顧客に迎え入れるためには、良客が求めるニーズに応えていかなければなりません。したがって、そのニーズに応えるために、この三二年間、私なりの努力をしてきたつもりです。

そもそも顧客のニーズは、大きく区分して次の三つになると思います。

①顧客は売り手の心構え（＝心的態度・人間力）が優れていることを期待していること。

良客は付き合う人を選びます。自分が相手にしてもいい人物かどうかを見極めます。その場合のチェックポイントは、相手の心構えの良し悪しです。

優れた心構えは、良き行動と良き考え方によって生み出されます。つまり当たり前の良き生活習慣を身につけているかどうかを、良客は見抜くのです。

そのことがよくわかっている老舗は、前述したとおり、日々の生活態度を磨き続けているのです。私は日経時代、老舗を研究してきたこともあって、老舗を個業主のモデルとして、その行動と考え方を私自身の生活習慣としてきました。

私が講演でよく「**良き習慣の奴隷たれ！**」と言いながら「初動の習慣」を紹介しますが、その初動の習慣である早起き・歩き・躾三原則〈挨拶・返事・後始末〉を毎日、実行してきました。

この習慣を継続してきたことで、私は自分が予期している以上の良客の名簿を自分の財産にすることができています。

マスコミに出ない私が、次々と全国的に活動できる機会を得ることができたのは、すべて良客のリピートオーダーと強力な紹介のおかげなのです。

②商品の質が顧客満足の域を超えて、顧客感動を誘うものであること。

現代のマーケティングは顧客満足を目標にしていますが、良客は、その顧客満足の域を超えて、良客の期待以上の満足を与える商品に、リピートオーダーをするものです。

私の場合の商品は、私の講演そのものですから、この講演が並みの講演では、良客の満足を超えることはできません。良客の満足を超えるためには、聴衆の感動を誘う講演でなければなりません。その感動を引き出すには、講演者が相手の感性に訴える熱誠（熱意と誠実）で行う講演をすることです。

私は「どんな大きな辞書にも『理動』という言葉はない。しかし、どんな小さな辞書にも『感動』という言葉は載っている。**人は理屈では動かないから『理動』という言葉はなくて当然。一方、人は感じて動くから『感動』という言葉は欠かせない**」と講演や著作で言ってきましたが、それは私の実体験によるものです。

かつて某出版社の主催による全国高校・中学校長研修会が千代田公会堂で行われま

した。その講師は著名な大学教授三名と私でした。その時、私はこう切り出しました。

「全国からお集まりの校長先生！　今日の講師は私以外、みなさん大学の教授です。大学にお勤めの先生にとって、今日の講演はアルバイトのお仕事です。しかし、私の場合は違います。今日の講演に私の生活がかかっています。

校長先生！　アルバイトの講演と、一回一回に命を懸けている私の講演と、どこがどう違うか、どうぞ、最後までお聞きになってみてください！」

それから一時間半、全身を駆使して、舞台狭しと動き回り、もうこれで死んでもいいと思いながら、それこそ命懸けの熱誠講演を行いました。

終わって控え室に戻ったときは、もう口がきけないほど、疲労困憊していました。その甲斐あって、校長先生のアンケートでは、私に対する評価がダントツでした。

この時、理屈で話す講演と、相手の感情に訴える振りの価値を生かした熱誠の講演とでは、聴衆に与える感動の度合いがこんなにも違うのか、と痛感したものです。

以来、私は、表情・動作・姿勢の振りを活用しながら話す熱誠講演に終始してきました。そのことが良客の支持につながっているのだと思うのです。

③三ママのフォローアップのアフターサービスに徹していること。

どの業界でもトップセールスの座にある人は、顧客に対してフォローアップに命を懸けているものです。

私の場合は、講演会に講師としてお招きくださった方々へのフォローアップ、拙著を読んでくださった読者へのフォローアップを徹底していくことです。そこで私は、手マメすなわち筆マメの便りによるフォローアップに徹することにし、それをその日の最重要の仕事にしてきました。

そこで私は、講演を終えて帰宅すると、まず、その日お世話になった方々、そして読者からのお便りに対して、その日のうちにお礼状を書くことを原則としています。夜遅く帰宅したときは、翌日中に書くことにしています。これだけは実行し続けています。

一九八五年（昭和六〇年）ごろまでは複写はがきで、それ以後はワープロ、そしてパソコンで書いています。その礼状の記録は膨大なものになっています。便りの数だけでは、一万通を出した福澤諭吉に負けません。

このフォローアップも、手元に顧客名簿があってこそできることです。ですから、名簿の収集と管理には費用を投入してきました。それだけの価値があったことは、私が三二年間も講演ビジネスを続けることができた実績が証明しています。

しかし、いくら名簿を完備したところで、それを使ってマメに便りを出すという行為を続けない限り名簿は生きてきません。この**手マメは、電話を使う口マメよりも、努力の度合いが違います。そこを良客は見ているのだと思います。**

私自身も、私の行為に対してクイックレスポンスでお礼状を書いてくれる人を評価しています。このことは良客に共通するものです。そのことを知って、電話だけでなく、便りをマメに書くという習慣も身につけていきたいものです。

◆長時間労働に勝る商法なし

「**長時間労働に勝る商法なし**」の言葉を地で行ったのが私の父でした。これまでの拙著の中で、父のことに触れた一冊があります。『リーダーの人間学』（中央経済社・六頁）です。ここに、その文章の一部を紹介しておきます。

「筆者が、二〇年勤めた日本経済新聞社を中途退職し、四三歳で社会教育家として独立することを決意した時、仲間の一人がこう言ってくれた。

『君がこんな思い切ったことをするのは、親父さんの影響だな。君から親父さんの話を聴いていたから、君の気持ちがわかるよ』と。

筆者の父は、四四歳の時、終戦を迎えた。戦前は軍人として、比較的恵まれた生活をしていた。ところが終戦後日本に引き揚げてからは戦犯となって定職を失い、公職に就けず、きびしい生活に追い込まれた。当時の植民地（いまの韓国）での勤務が長かっただけに、父は商売をするにも人間関係や地盤を持っていなかった。しかし、育ちざかりの子供三人と妻を抱えて、父は、毎日の糧《かて》を得るために、恥も外聞もかなぐり捨て、必死に働かなければならなかった。主に夏はアイスキャンデー売り、冬は卵売りなどの行商をしながら、早朝から夜遅くまで、休日もなく、身体を張って人の二倍は働いてくれた。

筆者は、真っ黒に日焼けして、自転車をこぎ続ける父を見るにつけ、戦前の父の姿を思い出しては、胸が痛んだ。

父の唯一の楽しみは、筆者が学校でいい成績をとることだった。筆者は、父に親孝行できるとすれば、勉強するしかないと思い、終戦時の小学校三年次から、常に学年でトップクラスの座を維持できるように努力した。父は父で、私の希望を叶えさせてやりたいと、歯をくいしばって働いて働いて、私を大学まで卒業させてくれた。

父は寡黙な人だった。息子である筆者にも多くを語らなかったが、その生きざまで、人生は何たるかを教えてくれた。

父の生き方をひと言で表現すれば、長時間労働に勝る商法なしであった。一九五一年（昭和二六年）までの行商、それ以後の地方公務員生活で、父は、どんな時も手を抜くことなく陰日なたなく、自分でできる限り、精一杯がんばった。公務員時代の父の仕事は、国民健康保険の掛け金とか清掃料金の集金業務が主だった。相手が留守だったり、支払ってくれなかったりしたら、夜でも休日でも何回となくかよった。最後は相手が父の熱心さに根負けして払ってくれたようだ。父の目標は、常に一〇〇％の集金率であった。

このため、職場の同僚からは『田中さん、そんなにがんばってもらっては、私たちが困ります。もっとのんびりやってください』と苦情を言われ続けた。労働組合からも『公務員は商売人じゃないんだから、そんなに無理してまで働くことはないですよ』と、たびたび注意を受けた。

しかし父は、誰から何といわれても、ガンとして自分の信念を貫き通した。『変わり者』、『頑固親父』、『一徹者』と、職場の人から言われ続けた。ところが、地域住民からは、父は親切なオジサンとして親しまれた。父は性格的に弱い立場の人には強く当たれず、相談相手になっていた。一回分の集金も、なかには二回、三回に分割して受け取る方法で、相手の懐具合にあわせて、幾度も訪問した。

筆者は、父が夜の集金から帰って、そろばんをはじく光景を見ながら、公務員になっても、行商で身につけた父の根性は変わらないなと思った。

この父の勤勉さは、六〇歳の退職勧告をはね返し、七〇歳まで現役として永年勤続することを、まわりに認めさせる結果となった（当時の地方公務員は六〇歳過ぎても働くことができた）。なにしろ、退職時まで、父の集金率は職場でトップを続けた。若手の優秀な職員も、父には脱帽するしかなかった。

おかげで、父は軍人と公務員の両方から恩給を受けることができ、八三歳で亡くなるまで、筆者に一銭の負担をかけることがなかった。まさに、人の二倍働くことを地で行ったのが父の生涯であった。

この父の生き方を見てきたからこそ、筆者は途中から独立に踏み切れたのである。いざとなったら、父のように死にもの狂いでがんばれば、なんとかなるに違いないという思いが心の底にあった。いつの間にか、筆者も長時間労働に勝る商法なしの生き方が自分の信念になっていた」


この文章を読み返すたびに、父の仕事に対するひたむきな姿が今も目に浮かびます。

そして、私が勉強のために頼んだことは、どんなに無理なことでも叶えてくれた父がいたからこそ、今の私があることを感謝せずにはいられません。

そのことについて、一つだけ忘れられない思い出があります。一九五二年（昭和二七年）三月三一日から、あのブラームスの大学祝典序曲のテーマ音楽で始まる旺文社提供の「大学受験ラジオ講座」が始まりました。

その年の四月に高校一年生になった私は、このラジオ講座を聴きたかったのですが、私が住んでいた福岡県大牟田市では、当時の弱い東京文化放送の電波を受信できませんでした。それを可能にするには､弱い電波でもキャッチできる超高性能のラジオが必要でした。

当時､そんな高級なラジオは大牟田では手に入りませんでした。そのことを知った父は、福岡市まで出かけて行き、そのラジオを私のために買ってきてくれました。

そのおかげで、私は地方にいながら、英語のＪ・Ｂ・ハリス先生や国語の塩田良平先生などのような著名な先生の講義を聴くことができ、そのことを通して東京の学問の雰囲気を味わうこともできました。

高校卒業時、九州大学ではなく、東京教育大学を受験する気になったのも、父のおかげでラジオ講座を聴き続けることができたことが背景にあったのです。

◆本気でしていると誰かが助けてくれる

私は独立して二年目から、当時の日本ＩＢＭから企業内研修に招かれることが多くなりました。その二年後、日本ＩＢＭの商品を扱う販売代理店研修の卒業式の講演に招かれたときのことです。

卒業証書の脇に、興味深い「本気」と題する詩が印刷されているのに気づきました。次の一文です。

本気

本気ですれば
たいていな事はできる
本気ですれば
なんでも面白い
本気でしていると
だれかが助けてくれる
人間を幸福にするために

本気ではたらいているものは
みんな幸福で
みんなえらい

この詩の出典は何かを研修担当者に聞いてみたのですが、その時はわかりませんでした。しかし、私はどうしても知りたくて、知人に聞いているうちに、やっと判明しました。故後藤静香《せいこう》氏の『権威』（善本社・一二頁）にありました。

後藤静香氏は一八八四（明治一七）年に生まれ、東京高等師範学校（現・筑波大学）を卒業後、長崎高等女学校・香川県立女子師範学校での教諭を一三年間勤めた後、一九七一（昭和四六）年に亡くなるまで、社会教育家として活躍した人です。一九一八（大正七）年に修養雑誌『希望』を発行するために希望社を設立し、この雑誌の他に『のぞみ』『光の声』『大道』などの啓蒙的な雑誌を次々と発刊、全国の読者が後藤静香氏のファンになっていきました。

そのファンの集いが氏の死後も長く続きました。私も「本気」の詩を知って、その会に参加したことがありますが、出席者のどなたも人間的に実に立派な方々でした。

氏の代表的著書の『権威』は今も売れている本で、その発行部数はすでに一〇〇万部を超えていると言われています。

私が「本気」の詩に惹かれたのは、詩の言葉一つ一つが私の生き方を鼓舞してくれたからです。

日経を辞めて必死で生きている私は、仕事を重ねていくうちに、自分の潜在能力が開発されていくことを自覚できるようになったこと、自分が選んだ仕事に本気で打ち込むことが楽しく面白くなってきたこと、そして、なによりも大勢の人たちの支援をいただけるようになったこと、そのご支援にお応えして、講演や著作を通して、私なりの独自の成功法則を、熱誠を込めて紹介することで皆さんに喜んでいただけるのは、私の幸福そのものである、と実感することができるようになっていたのです。

特に、「**本気でしているとだれかが助けてくれる**」の一行は、私の気持ちを支えてくれました。そのようにこの後藤静香氏の詩は、私の人生をそのままを映し出してくれていたのです。そこで、この詩をあちこちの講演会で紹介していきました。

ある県立の普通高校の生徒に、この詩を朗読しながら、本気で勉強してほしいと訴えたところ、後日、校長先生から「生徒の多くが『本気』の詩を暗誦し、学内の雰囲気も盛り上がってきています」との嬉しいお便りがありました。

本気で何事かに立ち向かうという心的態度については、事業主の人たちのほうがより真剣です。それは、本気でしなければ、競争に負けてしまうという危機感があるからでしょう。この危機感を抱くことは、それだけ緊張感を持ち続けながら生きることにつながりますから、日々の生活が充実していくことになります。

私は、生活の保障のない条件下に生きる人生を四〇代半ばで選択したことを、今、間違っていなかったと断言できます。そして肉体的にも精神的にも十分に頑張ることができ、本気で仕事に立ち向かえる四〇代前半は、独立のチャンスであると、やる気のある人たちには伝えています。

物事を決断する場合、最悪の状況を予測し、それを受け入れる覚悟を持ち、本気で立ち向かえば、事態は必ず好転していくものです。その最大の要因は、本気で頑張っている人を、人々は応援してくれるように、この世の中はなっているからです。

そのことを、独立後の人生で実際に体験しながら生きることができている私は、幸せな人間であると思うと共に、それを誇らしく感じているこの頃です。

それだけに、「一身にして二生を生きる」人生を選択し、危機感を抱きながら、本気で生き続ける素晴らしさを、誰もが実感してほしいと願っています。

田中真澄の主な経歴・著書

経　歴

1936年　福岡県に生まれる。

1959年　東京教育大学（現・筑波大学）を卒業し、日本経済新聞社に入社。企画調査部、販売局、社長室、出版局の各職場で14職務を担当。

1969年　日経と米国マグロウヒル社との合弁出版社・日経マグロウヒル社（現・日経BP社）に出向。同社調査開発長ならびに日経マグロウヒル販売（現・日経BPマーケティング）取締役営業部長として活躍。

1979年　日本経済新聞社における20年間の勤務に終止符を打ち、独立。有限会社ヒューマンスキル研究所設立。新しい形の社会教育家を目指し、日本初のモチベーショナルスピーカーとして活動を開始。

1979年　『週刊東洋経済』誌8月17日号の若手講師ランキングにおいて、ナンバーワンに選ばれる。

2005年　ベンチャービジネス団体の「１万円出しても聴きたい講師」上位ベストテンの中に選ばれる。

講　演　スピーディな語り口、豊富な板書、パワフルなパフォーマンスの三つの技を用いて、体系的にわかりやすく真剣に訴える熱誠講演は、多くの人々に生きる勇気と希望と感動を与え続けている。
講演は、あらゆる職種・業種・年代の人々を対象に行われている。

著　書　2006年以降の主な著書は次の通り（累計84冊執筆）
『人生を好転させる　情熱の人生哲学』（ぱるす出版）
『わずか3秒の動作で成功をつかむ生活技術』（実業之日本社）
『幸せと成功の源泉　家族』（ぱるす出版）
『感動の“初動教育法”』（ぱるす出版）
『田中真澄のいきいき人生戦略』（モラロジー研究所）
『信念の偉大な力』（ぱるす出版）
『改訂新装版　心が迷ったとき読む本』（PHP研究所）
『あいさつ教育』（ぱるす出版）
『超高齢社会が突きつける　これからの時代の生き方』（ぱるす出版）
『江戸時代に学べ～明日を生きぬくヒントがある～』（ぱるす出版）
『田中真澄の実践的人間力講座』（ぱるす出版）

正社員削減時代をどう生きる

平成23年９月16日　初版第１刷

著　者　　田　中　真　澄
発行者　　森　　　榮
発行所　　ぱるす出版 株式会社
東京都文京区本郷2-25-6　ニューライトビル1024　〒113-0033
電話（03）6801-6360（代表）　FAX（03）6801-6361
http://www.pulse-p.co.jp
E-mail info@pulse-p.co.jp
カバーデザイン　ヨシノブデザイン

印刷・製本　ラン印刷社

ISBN 978-4-8276-0230-2　C0011

©2011 MASUMI TANAKA

人生の指南役・田中真澄が贈るメッセージ！

『田中真澄のパワー日めくり 人生は今日が始まり』

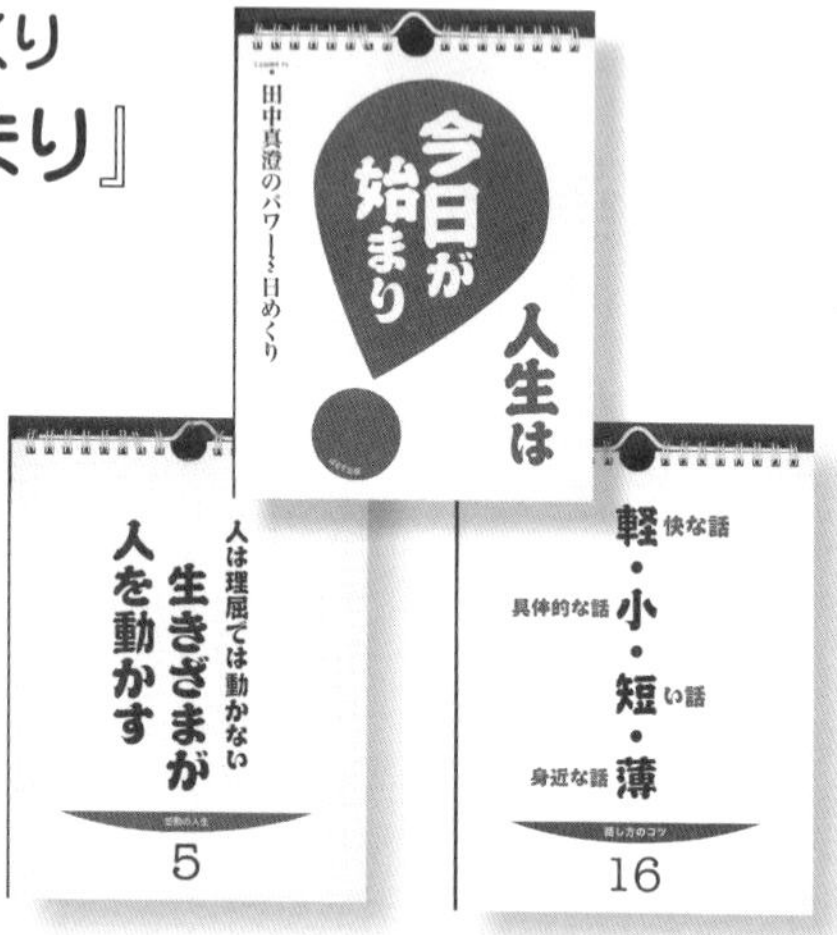

定価800円
（本体762円+税）33枚綴り

7000回に及ぶ熱誠講演のエキスを33枚の日めくりにまとめました。繰り返しめくることにより元気を取り戻し、勇気が湧き、視野がひろがります。生涯現役をめざす一歩を踏み出そう。

CD

田中真澄の人生講座
積極的に生きる

CD4枚組（各60分）
定価6,500円
（本体6,190+税）

第1巻　なぜ対人関係が問われるのか
第2巻　対話力と情報力
第3巻　自律力をどう身につけるか
第4巻　人生計画とライフワーク

田中真澄が、人生で最も大切な〔生きる基本〕を4日に分けて収録した迫力の講演CD4枚組。彼は30数年一貫して〔人間いかに生きるべきか〕を説き続けている。